JN439260

누가
저 시리게
푸른 바다를
깨트릴까

각 시인선 14

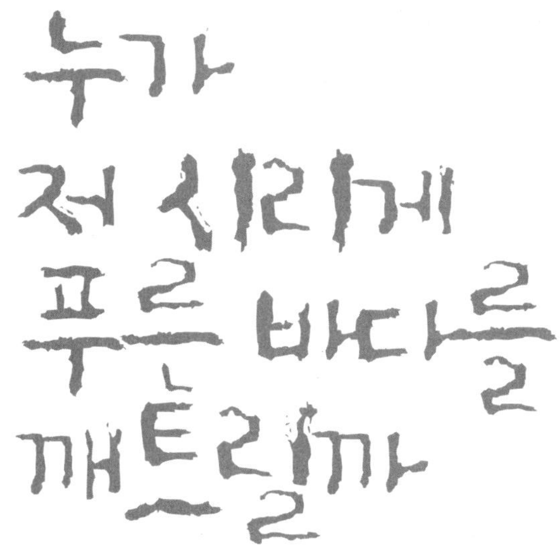

부치지 못한 시인의 편지

각

누가 저 시리게 푸른 바다를 깨트릴까

지은이 김순남
펴낸이 박경훈
펴낸곳 도서출판 각

초판 인쇄 2007년 10월 11일
초판 발행 2007년 10월 15일
초판 2쇄 2008년 2월 25일

도서출판 각
주소 690-800 제주특별자치도 제주시 건입동 89번지
전화 064 · 725 · 4410
팩스 064 · 759 · 4410
홈페이지 www.gakbook.co.kr
등록번호 제80호
등록일 1999년 2월 3일

ISBN 89-89719-98-4 03810

값 10,000 원

발문

누가 그 어떤 말로도 다 표현할 길 없는 존재, 어머니

한림화 (소설가)

이 세상의 모든 것들도 모자라 저 우주의 먼지 한 톨마저도 거침없이 손끝에서 표현해내는 글 쓰는 직업을 가졌으면서도 어머니만은 그 실체를 온전히 그려낼 수 없습니다.

어머니의 사랑을 구구절절이 써내려간들 그건 단지 어머니가 보여준 극히 일부분에 대한 소묘일 뿐입니다.

제주섬을 창조한 여신 설문대가 자식들이 먹을 죽솥에 빠져 오백 아들을 몸으로 먹여 살린 신화도, 단지 자식의 삶을 위하여서는 불멸의 신성을 여지없이 벗어버리고 평범한 여성이 되어 가이없는 희생을 할 수 있다는 어머니의 위대한 사랑의 힘을 이야기한 것에 불과합니다.

시베리아를 삶터로 둥지 튼 새끼 친 어미 펠리컨은 먹이를 구할 수 없을 때, 주저하지 않고 자신의 가슴살을 뜯어내어 어린 것들을 먹여 살리고는 정작 본인은 죽어간다는 자연생태계의 보고서도 처절하고도 숭고한 모성애를 스케치한 것일 뿐입니다.

전 인류 몇 십억 명이 하나같이 절대로 불가능이 없다는 어머니에 관하여 쓴다고 한들 그 수많은 글 역시 어머니의 어느 일상, 어떤 행위를 표현한 것일 겁니다.

어머니는 아프지 않습니다. 자식의 아픔을 대신 아프기 때문입니다.

어머니는 고통 받지 않습니다. 자식의 고통을 대신 받기 때문입니다.

어머니는 힘에 겨워하지 않습니다. 자식의 힘에 겨워함을 대신 겨워하기 때문입니다.

아마도 김순남 시인의 세상 떠난 어머니를 향하여 띄우는 이 편지도 그리움에 애달픈 자식의 사연 한 토막일 것입니다. 영원한 인연으로 맺어진 그 어머니를 그리워하는 자식의 처절한 몸부림일 것입니다.

이렇게 어머니를 추억할 수 있는 김순남 시인의 마음은 슬픈 가운데서도 고결하고 아름답습니다.

세상을 떠났어도 이분용 어머니는 언제나 김순남 시인의 마음에 살아갈 것입니다.

차례

누가
저 시리게
푸른 바다를
깨트릴까

누가
저 시리게
푸른 바다를
깨트릴까

누가
저 시리게
푸른 바다를
깨트릴까

누가
저 시리게
푸른 바다를
깨트릴까

누가
저 시리게
푸른 바다를
깨트릴까

— 나의 어머니께 이 시집을 바친다

울지 마세요

저는 아직 실감이 나지 않아요.
엄마! 하고 부르면 대답이 없어
주무시는 중이구나, 생각합니다.
오빠!
저는 오빠가 계셔서 든든한데요. 너무 자책하지 말았으면 좋겠습니다.
오빠 나름의 최선을 다하신 겁니다.
우리 동생들 생각해서라도
건강 챙기셔야 하기 때문이지요.
엄마는 가시 방석에서 내려 앉으셨으니
차라리 얼마나 편하시겠습니까.
저는 그렇게 생각합니다.
이 분용 어른이 우리 엄마였고, 그 어른의 아들, 딸이었다는 게
너무도 자랑스럽고 영광스러운 인연이었습니다.
가난이라는 아궁이에도
사랑의 장작불을 태우며 마냥 즐거웠었습니다.
저 세상에서도 우리들의 엄마와 아들, 딸로

다시 만나자고 신신 당부하였지요.
울지 마세요,
비록 가진 건 없지만 어떤 갑부도 부럽지 않은
형제애를 나누고 있잖아요.
그걸 원하시고 가르쳐 주신 엄마의 훈육에 따라
지금 같이만 살면 될 거라 믿습니다.
저는 걱정 마시고 부디
오빠 건강 잘 살폈으면 합니다.

태산과 물바다

엄마가 계실 때는 백두대간 큰 산이었지만
그 태산 같은 엄마가 사라지니
온 세상을 눈물로 다 덮어도 모자라는 게 자식입니다.
엄마!
미움의 앙갚음은 또 다른 악업을
쌓게 된다는 걸 오늘에야 깨달았습니다.
오랜 동안 수많은 원망과 미움이 허물 수 없는 원한으로 쌓여
절대로 용서하지 않겠다던 다짐을 너무 일찍
접으려는 게 쉽지 않았지만
박대와 모멸감이 정으로 박히는 고통보다 더한
외로움에 쓰러졌을 당신을 생각합니다.
쇠잔한 몸으로 미움과 원망의 매듭을 풀고 화해를 실천하셨던 것은
우리에게 보여주기 위한
엄마의 추상같은 가르침이 아닌가 합니다.
큰올케도 한없이 가여운 사람인 것을…….
가끔씩 돌아봐야겠다는 생각에 이르니 한결 마음이 편해집니다.

모든 회한들을 접고 오직 엄마만 생각할래요.

“누~고!”

엄마, 내다,

“왜 또 전화 했노……!”

엄마 목소리 들으려고…….

새록새록 솟아나는 엄마의 따뜻하고 정다운 목소리가

한 없이 그립고, 보고 싶고 듣고 싶은데

도무지 방법이 없어요.

어느 날엔가 갑자기 아버지가 그리워 봇물이 터진 듯이

하루를 온전히 다 적셨던 때가 있었습니다.

또 그처럼 엄마가 그리운 날이 오고 있습니다.

지금 이 순간까지도 꿈이라면

빨리 깨어나고 싶어요.

전에 없이 오빠랑 언니들도 보고 싶고요.

그러나 씩씩한 막내, 어떻게든 견뎌 볼게요.

그러다 영 안 되면 서울로 갈 겁니다.

막내의 어리광을 이제라도

언니, 오빠께 부려보는 거라 생각하시어

가엾다 마시고 이쁘게 봐주세요.

설마가 사람 잡네요

설마, 설마! 하였더니
설마가 진짜로 사람을 잡네요.
수선화 같은 그 고운 꽃잎의
어머님은 기어이
돌아올 수 없는 먼 길을 떠나셨습니다.
제가 손잡고 따라 나설 수 없는 곳.
어머니가 가신 그 곳에는
따스한 햇볕이 있는 곳일까요? 아니면
어둠이 안개처럼 스산한 곳일까요?
주체할 수 없는 슬픔에 둥둥 떠다니고 있습니다.
먼저 선생님께 알리지 못한 것 죄송합니다.
간밤에 손잡고 잘 잤는데
아침 해가 마당을 들어서기 바쁘게
제 손을 놓아 버리시기에
아무리 엄마! 엄마! 불러도

영영 움직이지 않았습니다.
막내딸인 제게 유난히 애틋한 마음과 사랑 주시더니
눈에 넣어도 아프지 않겠다던
이 막내를 두고 어찌 눈을 감을꼬! 하시더니
부둥켜안고 몸부림을 쳐도 끄떡도 않으시네요.
오 선생님!
숨어 다니며 남몰래 꺼이꺼이
목젖을 울려도 아무런 소용이 없습니다.
그러나 당분간은 감정의 용천수를 그냥 두렵니다.
그러다 지치면 제자리로 돌아오겠지요.
선생님, 너무 걱정 마세요.
머잖아 씩씩한 모습으로 찾아 뵐 겁니다.

엄마가 걱정이다

엄마! 내다. 남이다. 밥 먹었나?

"그래, 금방 한 술 떠 넣었다."

커피는 마셨나?

"그래, 밥이야 먹는 둥 마는 둥 해도 커피를 먹어야 정신이 빤해진다."

잘했다. 혼자 있어도 꼭! 밥 챙겨 먹어래이~!

"오야, 내 걱정 말고 니나 잘 있다 오너라."

내사 젊은 게 뭐 걱정이가 엄마가 늘 걱정이제.

엄마, 내일 또 전화할게. 끊는다.

"오 ~ 야!"

거기도 비 오나?

"누~고?"
엄마 남이다.
"왜 또 전화 했노~?"
엄마 뭐하고 있노 싶어서, 거기도 비 오나?
여기는 바람이 짜들다가 비 오고 있다.
"내 있는 데는 날씨가 꾸무리한 게 글타.
전화비 마이 올라간다. 끊어라."
뭐, 전화하자마자 끊어라 카노.
"그거 다 니 도이다. 우예든 동 애끼고 모다라."
알았다 엄마, 내일 또 전화할게.
끊는다.
"오 ~ 야!"

니 미국 갔다 카디

"누고~?"

엄마가 사랑하는 딸 남이다.

"니 미국 갔다 카디?"

…… 헤헤

자꾸 전화했는데 안 받더라.

"닭 모이 준다고 마당에 있으면 전화소리 잘 못 듣는다."

거 봐라 내 잘못 아니잖아.

"왜 전화했노?"

엄마 목소리 듣고 싶어서.

"늙어서 쭈그렁 방탱이를 엄마라고!"

에이, 엄마는 또 그런다.

"여자 나이 구십이 뭐고 세상에, 얼른 안 죽어 큰일이다."

그런 소리 좀 하지마라, 안 아프고 건강만 하면 백 살인들 걱정이가!

우린 엄마가 얼마나 고마운지 모른다.

엄마 사랑한데이, 알았제?

"너그사 자식이니까 그렇지, 남들은 욕한다."

엄마는 별 걱정 다 한다.
"미숙이야 다 잘 있나?"
그래, 그 애들이 내 재롱둥이다.
"요금 올라간다 그만 끊자."
그래, 또 전화할게.

언제 올 시간 될라?

여보세요, 이자 분자 용자 어른 되십니까?
"예, 누구신껴?"
저는 그 분의 딸 순남이라고 하는데요.
히히히…… 하하하…….
엄마 뭐 했노?
"볕살이 좋아 마구간 문 앞에 앉아 닭 모이 다듬고 있었다."
가위질 하면 손가락 안 아프나?
"몇나 하지도 않았는데 손에 쥐가 나네."
거 봐라, 그러니까 그만해라.
"말 못하는 짐승이라도 먹도록 해서 줘야지."
손에 다리에 쥐 내리면 얼마나 아픈데 그러노?
"늙은이가 먹고 할 일이 있나. 그런 손이라도 움직거려야제."
하여튼 엄마는 알아줘야 돼.
"언제 올 시간 될라?"
그래, 여름휴가 때 갈게. 그 때까지 밥 잘 먹고 건강하게 있어라.
"이만큼 살았는데 내 걱정하지마라.

제주도에서 니가 어른이다. 조카들 잘 다독이고 지내라."
알았다 엄마, 전화 끊는데이?
"오 ~ 야!"

사람이라 카는 거는

"누고~?"
엄마, 남이다.
"오, 남이구나. 우예 시간 있었노?"
요새 좀 바쁘다.
"그래 사람이라 카는 거는 바빠야 된다."
엄마 목이 쉬었네, 감기 들었나?
"우옌택인 동 감기가 와서 그러네."
언니한테 약 사 달라 하고 밥 잘 먹어라.
"내사 늙은 게 죽은들 아깝나. 니나 굶지 말고 잘 먹어라."
나는 밖에 나가면 좋은 거 마이 먹는다. 엄마가 걱정이제.
누가 차려주는 사람도 없이 부엌에 혼자 쭈그리고 앉아서
맹물에 밥 말아 먹는 엄마 생각하면 내 마음이 죽겠다.
"먹을 게 없나, 누가 안주나, 내 먹을 거 쌨다. 걱정 마라.
오산 댁 현주 할마이가 찌짐 꾸벗다며
따뜻할 때 맛보라고 가지고 왔더라. 먹다가 조금 남았다."
아이고, 고맙데이! 우리보다 낫네.

“전화요금 마이 오른다. 그만 끊어라.”

그래 엄마, 또 전화할게. 끊는다.

“오 ~ 야!”

앞산에 저 단풍 보래

그 고운 꽃잎
앞산을 물들이다가
기어이 떨어져 땅에 묻히니
당신 누운 곳을 돌아보며
거룩하다 말하겠습니다.

내 목소리 들으면
당신 마음이 따뜻할는지요.
항상 날 잊지 마시고
내 갈 때까지 안녕, 안녕히
잘 계세요.

오라 할 때 갈 걸

그저께 목욕탕에서 참 아름다운 며느리를 봤습니다.
언어를 잃어버린 시어미를 이빨까지 깨끗이 닦아 줍디다.
저보다 큰 덩치의 노인, 애기가 되어버린 노인을 업고
냉탕에 들어가더니 목욕탕이 떠나도록
깔깔대는 웃음소리에 사람들도 그저 곱게 따라 웃어주었습니다.
부러운 내 마음도 따뜻하게 부풀어 올랐습니다.

난데없이 탈의실 평상에 명란젓이랑 오징어젓을 팔고 있데요.
양념이 잘된 게 엄마한테 보내면 맛나게 드시겠다 싶었어요.
사고 싶은데 받아 드실 엄마가 없다 생각하니
울컥, 목구멍이 빼근해 지더라고요.
그날 온 종일 엄마 생각에 풍덩 빠졌습니다.
소용없는 울음만 목울대를 콱콱 미어지게 훑곤 합니다.

이럴 줄 알았으면 직장 목이 달아나도
오라 할 때 달려 갈 걸

시멘트 마당 후벼 파는 고통에 얼마나 두려웠을까요.
설마 했어요, 정말로 설마 했어요…….
후회합니다. 진정 후회하고 있습니다.
엄마! 용서해주세요.

잘 가거래이!

이 세상
참으로 서럽게 살다가
먼저 가시며 하는 말씀이
"잘 있거라."
그 한마디였어요.
숙이 언니가 그러대요.
세상에 둘도 없는 울 엄마, 야위어 힘도 없는 울 엄마
혼자 어떻게 보낼꼬.
엄마! 먼저 가서 좋은 데 자리 잡고 기다려라.
우리도 곧 뒤 따라 가꾸마. (가볍게 고개를 끄덕이셨다.)
하이고 엄마! 울 엄마야
엄마, 엄마 울 엄마야
잘 가거래이, 잘 가거래이
아이고, 아이고 울 엄마야!

우째 갔노?

엄마 !
진현이 두고 우째 갔노?
아들 딸 믿는다 치고
손자 손녀들 아깝다더니
그것들 잘 사는 것 못 보고 우째 갔노?

사랑이 미움보다 깊어서
늙은 며느리 가엾다더니
그 며느리 못 미더워 바람막이로 버텨주시더니
우째라고 그냥 갔노?
엄마만한 병풍은 세상에 없는데
저 말 많고 탈도 많은
산골짜기 여편네들
순진하고 우직스럽기만 한
당신의 며느리를 누가 당신만큼 살피고 덮어주랴.

파도

어머님 계실 때는 맞음직한 옷이나 맛난 음식 찾아도
보이지 않더니
먼 길 보내시고 돌아서서 보니
이것도 사드릴 걸, 저것도 사드릴 걸, 눈에 띄는 옷과 음식이
너무 많이 보여서 그것들 만지작거려 보다가
가슴만 파도치며 왈칵! 왈칵! 쏟아졌어요.
가슴이 미어지는 날들입니다.
경황없이 황망하게 보낸 순간들이 너무도
바보 같기만 하여 날마다
제대로 보내드리는 연습을 해보지만
소용없는 시간만 무심히 가고 맙니다.
꼭 한 번만이라도
되돌릴 수 있는 그 날이었으면 이토록
회한에 진저리 치지 않을 것 같아서입니다.
이 일을 어찌하면 좋아요.

엄머 쌈더라!

엄마, 내다, 남이다.

"남이가, 왜 전화했노!"

엄마 보고 싶어서

"다 늙어 쭈굴 밤숭인데도 어미라꼬!"

엄마는 별 소리 다 한다, 혼자 있나?

"그래, 니 히는 들에 갔는 동 몰다. 규야도 나가고 없다."

혼자 있어도 꼭 밥 챙겨 먹어래이?

"오~야, 내 걱정하지 말고 니나 단디 배곯지 말고 댕겨라."

내사 다니며 너무 잘 먹는다.

엄마! 큰 언니가 쌀 보냈더라, 무꾸김치랑 배추김치는 내 먹고 쌀은 미숙이 줬다.

"엄머 쌈더라! 니 히가 큰 힘 썼구나."

큰 언니사 애 먹거나 말거나 우리한테 주기만 하면 엄마는 좋체!(웃음이 들린다.)

엄마는 참……. 엄마, 또 전화할게 끊는다.

"오 ~ 야!"

아! 당신 사랑이

한라산에 눈이 하얗게 덮였습니다.
첫 눈을 가슴에 꾹꾹 눌러 담았습니다.
아무리 퍼 담아도 눈은 그대로
파란 풀잎을 덮고 꿈적도 하지 않았습니다.
당신도 흰눈에 덮여
멀고 먼 길 위에 서 있습니까?
차갑고 아픈 그리움을 딛고 서 있습니까?
아! 당신 사랑이 너무 깊었던가 봅니다.

내 슬픔을 들으려고

어디로 가시는지 알 수 없는 길을
마중하면서도 차마
마지막인 줄은 몰랐습니다.
사랑하는 나의 어머니!
영원한 이별이 이렇게
대책 없는 줄도 몰랐습니다.
한번만 다시 한번만
그날 그 시간이 다시 올 것을 생각하며
조금 더 차분하게
사랑의 세포 하나, 하나를 섬세하게 느낄 수 있도록
당신 가슴에 내 얼굴을 묻고
두려움도 숨이 멎는 고통도 느끼지 못하고
따뜻한 체온이
차가워진 후에까지 손잡고 있겠습니다.
사랑하는 나의 어머니!
너무도 보고 싶어 차라리 아픕니다.

오늘 점심은 설렁탕이었습니다.
뼛국물이 뽀얗게 우러나 구수한 맛이
참 좋았습니다.
이런 국물 한 그릇 왜 진작 고아드리지 못하였는지?
후회와 회한이 가슴을 두들깁니다.
어머니, 나의 어머니!
진정 당신을 사랑합니다.
영원히 내가 죽을 때까지
당신의 사랑을 놓지 않겠습니다.
내 슬픔을 들으려고
바다가 달려옵니다.
당신의 영혼과 예지를 닮은 쪽빛바다가
어머니의 뽀얀 웃음을 한 아름 움켜쥐고
달려옵니다. 남아!
내 여기 있다. 하는 것처럼

아니야, 거짓말이야

아무래도
거짓말이지 싶다.
삶과 죽음의 거리가
설마 그렇게 짧을려고?

그래,
아무래도 거짓말이지 싶어

가야지! 하면서도
절대로 가고 싶지 않았어,
엄마는

여전히 툇마루에서 파리 잡느라
전화벨소리 못 듣고 계신거야.

그림 하나

그래 연진아, 진현이 언니한테서 다 들었다.
꼬마 상주들이 우산을 쓰고 산소 앞에 엎드려 절하는 모습이
고운 물감이 번지듯이 고모할머니의 가슴 속에 아름답게 그려져서
눈물이 났단다.
세상에서 하나밖에 없는 그림을
가장 감동적인 물감으로 색칠을 하였구나.
하늘나라에 계시는 할머니도 무척 기뻐하셨겠지.
절대로 잃어버리지 않고 보물처럼 간직할 거야.
이 사랑의 원천은 다 너희
할머니로부터 시작된 거란다.

가로수만 봐도

내 차가운 볼따귀에
얼어붙는 바람은 당신의 한숨인가요.
내 어깨 위에 소리 없이 똑똑 떨어지는 빗물은
당신의 슬픔인가요.
내 손등을 까맣게 태우는 햇살은
당신의 그리움인가요.
점심을 먹는데 창밖에서 마른 나뭇가지가
무심히 넘겨다보고 있었어요.
울다가 웃다가…….

믿을 수 없어

믿을 수 없어
도무지 믿어지지가 않아

그날
당신 가시던 날

행여 내가 무서워 할까봐
행여 내가 아파 할까봐
숨 한번 크게 몰아쉬지 않으시고
끝끝내
고요히 맥박 거둬 들이시던 모습
거룩한 당신
거룩함이라는 말보다 더
거룩하게 가셨어
결코 잊지 않을 거야
영원히!

강 같은 세월

강 같이 흐르는 세월을
당신 가고 없는
그 강둑에 앉아
텅 빈 강바닥을 봅니다.

아부지요!
이제랑 엄마 손 꼭 잡으이소
가시기 전에 많이 아팠니더
눈여겨 살피시이소.
이승에서처럼
술 많이 잡숩지 말고요.

엄마!
아부지가 병원에 가자 카거든
못이긴 채 따라 가거라.
병원도 가고, 유람도 댕기고

내한테도 더러 왔다 가거라
노물로 베뿔로 감이고, 이까 창자 이고
댕기지 말고

아부지 몰래 돈 모아 산
삼고개 미영 밭에 미영 꽃 피거든
밭담에 나앉아서
우리 오가는 거 놓치지 말고 봐야제

자는 열이세 그 옆에는 숙이고, 남이하고 둘이도 같이 있네
우리 얼굴 잊은 아부지한테
단디 단디 가르켜 줘야제

아부지요!
엄마 가시는 날에 바로 만났넝교?
두리봉 산이 가깝디더.
뚱거지 마이 해다가 따뜻이 지내시이소.

입이 포시랍아서

애써 지은 농사
반은 먹고 반은 버린데이
들어오나 나가나 흔해빠진 먹거리에
요새 것들 입이 포시랍아서
길에 홍시가 개락으로 밟히는데
그 아까운 것 하나 줏어먹는 이가 없으니
나라도 먹어 줘야제…….
우리 엄마는 참……!

잠이 너무 깊어서

어젯밤
당신이 내 옆에 와 있었던 줄을
이제야 어렴풋 생각합니다.
어릴 때 장에 가신 엄마를 마중 가듯이
밤마다 내 눈은
서낭당 고개에서
외로운 가로등으로 서 있었는데
고이얀 잠이 밉습니다.

수화기엔 침묵만 흐르고

가슴이 파르르 떨립니다.
전화를 걸었는데
수화기 너머에 침묵이
너무 무겁습니다.
전화기 앞에 서면
당신 모습이
물그림자처럼 일렁입니다.

오래비도 없이

거죽만 붙어 앙크란게 백새 머리를 하고
쪼글쪼글 쪼그랑 늙은이가
오래비도 없이 혼자 몸으로
허부고 뜯고 일 다니는 너거 히도
어느새 쭈그렁 방티 얼굴 꼬라지 되가지고
밥상 마주하는 거 너무 민망타!
귀신은 어디서 노는 고 날 같은 것 안 잡아가고
엄마는 참!
"내 말이 안 옳나?"

당신의 모든 것을

어머니!
당신의 그 영특하신 두뇌를
지혜와 번뜩이는 예지를
어떠한 고통에도 꼿꼿이 지켜낸 자존을
당신의 그 따뜻하고 부드럽고 정성스러운 말을
당신의 그 넓고 깊은 안온한 가슴을
당신 스스로에게 더 이상 엄격할 수 없는 단호함을
당신의 그 여리고 풋풋한 감성을
아! 어머니!
그 어떤 거짓말도 피해갈 수 없는
당신의 맑고 영롱한 눈을
그 어떤 연약한 향기도 숨어갈 수 없는
당신의 예리한 코
당신의 그 사려 깊은 입
그 어떤 소리도 비켜가지 못하는
당신의 그 청명한 귀

나는 당신이 지니고 있는 모든 것을
아끼고 사랑합니다.

당신께 드리는 내 사랑마저
당신을 묻듯이 세월이 묻는다 해도
잊지 않겠습니다.
비록 여기에 당신이 없다 해도
내 삶의 기억 속에서
영원히 영원히 살려두겠습니다
죽음이 끝이 아님을
어머니! 당신과 내가 보여주어야 합니다.

어머니와 홍시

슈퍼에 들렀다가 홍시가 눈에 들어 왔습니다.
몇 번이고 만지작거리다가 백 원을 에누리하고
오백 원을 주고 한 개를 샀습니다.
누가 볼까봐
차 안에 숨어 얼른 먹어 치웠습니다.
몰랑몰랑 달콤한 감 홍시를 엄마하고
마주앉아 먹었습니다.

수평선이 지워졌어요

며칠째
햇살이 구름에 가려 있더니
오늘은
기어이 수평선이 지워졌어요.
제 맘속에 드리워 있는
비탄이 바다를 덮고
이 도시를 울적하게 합니다.

갑자기 갈 데 없는 신세인가 싶어
돌문화 공원으로 달려갔었지요.
인위적인 관람코스를 피하여
아무것도 없는 작은 오솔길로 들어갔었습니다.
알싸한 공기가 코끝을 시리게 하였지만
젖은 낙엽을 밟으며 한가로이 걷는 기분은
아주 좋았습니다.

더러 봄을 준비하고 있는 사철란도 만나고
노루에 뜯긴 새우란 잎에 멈춰 서서
꽃 색깔을 상상해 보기도 하였답니다.
그러다 담배 한 개비를 꺼내 물고
나뭇가지 끝을 따라 연기를 뿜는데
잿빛 하늘에 반짝이는 새순이 이슬처럼
가지 끝마다 맺혀 있더라고요.

시내보다 훨씬 차가운 기온 때문에
뒷머리가 뻐근한데
저들은 벌써 봄을 기다리며 분주하구나 싶어
한결 가벼워지는 마음을 안고
돌아올 수 있었습니다.
언제 한번 같이 가실까요?
기꺼이 안내 맡을게요.

삶이란 내가 먼저 손을 내밀었을 때
환해진다는 것.
오늘 또 한 소식 주웠습니다.
이슬을 털어내며 풀섶을 뒤적여

반들반들 빛나고 오동통한 알밤 줏을 때의 기분 같은
삶의 하루는 그렇게 한 톨씩
내 것을 만들어 가는 게 아닌가 싶습니다.

내 영혼의 풀밭

내 영혼이 언제까지나 뛰어 놀 줄 알았던 풀밭이었는데
어느 날 갑자기 먼 길 떠나신
나의 님이여
제가 보고 싶어 어떻게 참고 계시나요.
별이 반짝이는 하늘도
이제는 휑하니 다다를 수 없는 그리움만
구름에 달 가듯 합니다.

전화벨 소리만 아득히

웃음도 어쩌면 그렇게 고울 수 있나요?
당신의 고운 웃음 앞에서
내 눈물은 바다가 되어 파도치는데
멈출 수가 없어요.
행여나 대답할까 수화기를 들었는데
벨소리만 아득하게 떨려오네요.

당신도 나처럼

당신도 내가 보고 싶어
눈물 쏟고 계시지요?
당신도 나만큼
나를 잊지 못하여
떠도는 구름자락에 숨어서
아련한 기다림에 울고 계시는지요?
오늘은 차가운 별빛에
안부를 띄웠어요.
사랑하는 나의 님, 어머니!
당신 곁에 갈 때까지 안녕히 잘 계셔요.

남아~! 부르세요

사진틀 속에 갇혀서
하얗게 웃고 있는 웃음 뒤에
햇살도 푸짐하네요.
그 추녀마루에 쏟아지는 햇살은 여전한데
엄마의 웃음은 그해 가을바람이 주워 갔네요.
그 고운 웃음 만져보고 싶고
그 음성 듣고 싶어요.
한 번만
"남아~!" 불러봐 주세요.

안부 1

당신이 세상 버린 지 오늘로 73일째,
찔끔거리는 눈물이 야속하더니
어제는 봇물이 터진 것 같았어요
숙이언니한테 전화를 걸었지요.
"남아, 왜? 무슨 일 있나?"
황급한 언니 목소리에 서러움이 더해져서
아니, 엄마 보고 싶어서…….
"아이고, 애야~ 그러지 마라. 내 마음이 너무 아프잖아.
우리 엄마하고 약속했잖아. 슬퍼하지 않기로."
그렇게 말하는 언니의 목소리도 떨고 있었어요.
"언니, 미안해. 언니 아프게 하고 싶지 않았는데
엄마대신 언니 목소리라도 들어야 할 것 같아서……."
"그래, 잘했다. 언니니까 괜찮다."
언니한테는 못할 짓인 줄을 알지만
가끔은 이렇게 숙이언니를 괴롭히는 게 미안하지만
당신 그리움이 더 큰 걸요.

미국 큰언니한테 또 전화를 걸었더니
"남아! 엄마 잃은 너희들
울어서 눈이 빨개진 너희들 사진 봤다,
엄마 잃은 기러기들이 추녀 끝에 앉아 있구나 싶어
나도 한바탕 실컷 울었다."
그러면서 또 울데요.
여든 고개를 바라보는 맏언니의 건강이 걱정되어 울지 마시라 했지요.
엄마! 살아 있는 우리는 이렇게 서로의 안부를 확인하고 있는데
당신의 안부는 어디서 물을까요?
어디쯤에서 날 부르고 계시는지요?
엄마! 나도 당신 곁에 가고 싶어요.

안부 2

엄마! 오늘은 어디서 머무르셨어요?
춥지는 않으셨는지요?
제대로 밥은 드셨는지요?
온갖 것이 다 궁금한데
알 길이 없는 제 마음은
푸른 하늘 허공만 마냥 쳐다보았지요.

빛나는 예지 안에

한 번도 당신 예리한 눈길에서 벗어나 본 적 없었어요.
내가 얼마나 힘들었는지
내가 얼마나 아파하는지
내 진정성의 무게가 얼마 만큼인지
아무리 숨겨도 단숨에 알아채시고
다독여 주시던 그 홍건한 눈과 마음을
저 또한 은근히 느낄 때가 가장
황송하고 죄스러웠습니다,

"엄마!"
"왜~이!"
어쩌면 그리도 그윽한 목소리였던지요.
겨울비가 내리는 새벽 창가에 앉아
그때 그 목소리를 듣고 있는 걸 아시는지요?

4월 보리밭

구엄 가는 길에는
바다의 노래를 들으며
파랗게 보리가 자라고 있습니다.
돌담 너머 보리밭의 보리 싹들이
오늘은 마치 어머니의 그리움 같았습니다.
저는 밭가에서 소꿉놀이 하고
당신은 긴 보리밭에 쪼그려 앉아
김 매고 계실 때
당신 처지를 실어 읊조리는 곡조가 너무 구슬퍼
어린 마음에 그만 불렀으면 했습니다.
엄마가 슬픈 게 참 싫었었답니다.
그날의 당신 곡조와 제 서러움이
파란 보리밭을 물들이고 있는 걸 봅니다.
어머니!
당신도 날 그리워하며 보리밭을 거닐고 계십니까?

죽도록 그리워

사진을 들여다보면
금방이라도
대답할 것 같아
"엄마!" 몇 번이고 불러봅니다.
끔찍이도 아까운 날 두고
진정 멀리멀리 가셨습니까?
얼음장 같은 제 손을
주저 없이 가슴에 밀어넣고 녹이시던
그 사랑이 그리워, 죽도록 그리워
겨울비 내리는
바닷가에 섰습니다.
날이 가면 갈수록
달밝골 논에 나락 베던 일
뒷 재 보리밭에서 김 매던 일
삼고개 미영 밭에 목화 따던 일
알밤이며 곶감이며 온갖 군것질로 입 놀려도

또 먹어라 더 먹어라 괜찮다 마이 먹어라시던,
야참으로 라면 끓여 먹으면 대견해서
눈감았다가도 일어나 지켜보시던,
당신과 함께 했던 편린들이 어제 일처럼 떠오르는데
당신 안 계신 여기는
서럽고 슬픕니다.

별 하늘을 보며

모처럼 별들이 반짝이는 별 하늘이네요.
희미하게 보일 듯 말 듯
가장 멀리 있는 별 하나 거기에
당신이 계신 가 좇아 가다가
그 별을 그만 놓치고 말았지요.
하는 수 없이 담배 한 개비를 꺼내 물듯이,
지상에 없는 오빠들 얼굴 떠올리며
먼 별에서부터 그 이름들 하나하나에 불을 밝혀봅니다.
저 별은 바닷길로 떠난 셋째 형춘 오빠.
이쪽 별은 둘째 형옥 오빠.
요쪽 별은 첫째 형택 오빠.
그 아래 별은 서울 꿈에 치어 죽은 다섯째 형율 오빠.
이제는 엄마 곁에서 효도 실컷 하시겠네요
든든한 등받이 아들들 차례로 저세상 보낼 때
엄마 그 마음 얼마나 캄캄하였을지?
이제사 짐작이 닿아서

미안해요, 죄송해요, 용서하세요.
어머니!
당신이 제일로 똑똑하다고 믿었던 내가
아주 맨자구였어요.
오늘 서귀포 갔다가
석진이는 못 보고 아름이만 만나고 왔어요.
당신이 알았으면 좋아 하셨을 텐데 말이지요.
이제는 자랑할 곳이 없어 섭섭하기만 하네요.
어머니, 당신 같은 사랑
이 세상에서 다시 볼 수 없을까요?

코스모스의 어머니

광주에서 장영일 선생님이 취재차 오셨기에
함께 산방산 아래 사계리 바다에 갔었습니다.
모처럼 쾌청한 날씨에 한라산 흰눈이 싸하게
가슴을 파고들었습니다.
산방산 아래는
계절을 잃어버린 유채꽃이며
코스모스가 겨울 햇살에 난장이로 피었기에
코스모스 전설을 들려주던 엄마를 생각했습니다.
봄은 요란하고 여름은 덥고 겨울은 추워서
살기에 적당한 가을에 딸을 보낸, 지극한 모정이
깃들어 있는 코스모스 이야기를
당신 마음 보태어가며 들려주셨습니다.
그런데도 오늘 코스모스는
엄마의 갸륵한 뜻을 배반하고
1월의 차가운 바닷바람에 나서서
지나는 행인들을 웃기고 있습니다.

내가 사는 동안 행여나
당신 뜻을 서운하게 하지나 않을까
지극히 염려가 됩니다.
제주 구석구석 어디엔들 당신 흔적 새기지 않은 곳 없어
얼마나 다행인지 모릅니다.
가는 곳마다 당신의 화안한 미소가
나를 돌아보게 할 테니 말입니다.
엄마,
그 깊고 온유한 사랑
참 고맙습니다.

거룩하신 나의 어머니

어쩜 그토록
제 몸의 근육 한 점까지도 다 버릴 수 있었는지요?
어쩌면 영혼의 가드다란 심지 한 올까지도 다
태워버릴 수 있는지요?
무욕의 날갯짓으로 이승을 놓을 수 있는지요?
다 보았습니다.
그 위대한 몸짓, 그래서 더 거룩했던 정신을…….
얄팍한 감성의 눈으로 차마 다 보기에 민망하였습니다.
어머니,
거룩하신 나의 어머니
당신을 진정 존경과 사랑으로 앙모합니다.

천생연분

누가 그러대요. 엄마와 나는 아주 희귀한 천생의 연분이래요.
전생에서 엄마는 내 딸이었고 현생에는 엄마가 되었는데
다음 세상에서는 아름다운 부부로 만날 거라고
그래서 나와 연배를 맞추기 위해 저승의 어느 강가에서
날 기다리고 계신다고,
내가 당신께 드리는 눈물의 편지를 다 읽고 계신다고요.
그 말 들었을 때 제 가슴이 뛰박질 했었답니다.
엄마, 정말 고맙습니다.
저승에서 날 기다리신다니요.
행여나 제가 몰라보거든 이승에서처럼
커피 잔을 흔들어가며 드세요. 그러면 우리 엄마구나 알아볼게요.

봄향기 타고 오세요

청명한 하늘에 양떼구름이 펼쳐지고
햇살이 푸짐하여 집을 나섰습니다.
오솔길을 꼬불꼬불 따라 가다 보니
말냉이 싸리냉이 꽃이 아담한 묵밭을 하얗게 덮고 있었습니다.
오감을 타고 흘러드는 향기
내 몸의 세포란 세포는 모조리 다 깨어나서
당신인 양 받아 안으며 행복했습니다.
정녕 당신은 언제나
내 등 뒤를 지키고 계십니다.

계실 때보다 더

아침에 일어나 습관처럼 옥상에 올라가
하얗게 눈 덮인 한라산에 당신 얼굴을 그려 넣다가
바다를 향해 고개를 돌리면
수평선은 마치
여러 번 우려 낸 쪽물을 부어놓은 듯
파랗게 채색되어
온갖 정한이 첨벙거리며 뛰어듭니다.
간간이 목덜미를 휘감아 도는 바람이
솜털 같은 구름이
청아한 바다 색깔마저 다
그리운 당신으로 느껴집니다.
계실 때보다 더 절절하고
섬세하게 당신을 느끼며
매일 매일을 당신과 함께 지내고 있습니다.
감사합니다, 어머니!

나의 연인, 어머니

엄마,
바다가 예전에 내 보던 바다가 아니고
바람도 예전에 불던 바람이 아니고
달과 별 구름도 다 여태까지의
달과 별 구름이 아니었습니다.
모든 게 새롭기만 한 것은
모든 것 속에서 당신을 느끼기 때문입니다.
영원히 나와 함께 계시는
나의 연인 엄마,
내 마음 온전히 당신을 사랑합니다.

얘야, 배 곯지 말고 댕겨라

오늘은 기어이 전화를 걸었습니다.
"얘야, 배곯지 말고 댕겨라, 좋다고 너무 엎어지지 말고
자기중심이 없으면 잡히기 쉬운 법이다."
맑고 그윽한 목소리 들을 줄 알았는데
전선 너머에는 침묵만 흐르고
어두운 침묵에 갇혀버린 나는
숨이 멎을 것 같았습니다.
내일 모레 글피면
엄마와 이별한 지 벌써 100일이 됩니다.
어떡할까요?
어떻게 하면 좋을까요?
알 수가 없습니다.

하늘길 안내하고

허망하게 보내고 돌아선 지
오늘로 100일,
버선 신기라 하셨을 때 발이 부어 신을 수 없다고
맨발로 그냥 가시게 한 것이
두고두고 마음에 걸려
옷 한 벌에 속옷과 버선, 신발, 지전 여비도 장만하여
'방선문' 맑고 고요한 계곡에서 전해드렸는데
엄마 잘 받으셨어요?
따끈한 커피 한잔 올렸는데
맛은 좋으셨는지요?
같이 간 벗과 동생들 참 착하게 보였지요?
저 혼자 쓸쓸할까봐 우겨 따라온 사람들이기에
엄마 보기에 흡족하였으리라 믿습니다.
그리고 과수원집 딸 숙희가 엄마한테 드리라며
준 돈을 보탰어요.

하고 싶은 일 하고 보니 저도 한결
마음이 가벼운 것 같아요.
엄마! 부디
평안한 가운데 꽃밭을 거닐며
꽃향기에 어깨 들썩이며 노래라도 부르고 계세요.
제주의 파도소리 산새 소리에 실리도록 말이에요.

에이! 영덕 할머니는

이번 겨울방학에는 미숙이가 아들들 데리고 엄마 보러 영덕 간다고 했었지요.

그 아들들이 시골 앞 거랑에서 내가 그랬던 것처럼 썰매타고, 얼음낚시 하겠다며 잔뜩 부풀었었는데

"에이, 영덕할머니 올해까지만 계셔주셨으면 우리가 가서 즐겁게 해드렸을 텐데." 하고 많이 아쉬워하였습니다. 엄마 이 세상 뜨셨다는 소식에 형진이와 지환이는 핸드폰으로 "이모 힘내세요. 저희가 있잖아요." 문자까지 보냈더라고요. 나의 상심을 염려하는 그 녀석들은 그동안 나에게 참 많은 위로가 되기도 하고 즐거움을 주기도 하였습니다.

공부도 잘하고 마음도 착한 미숙이의 큰아들 형진이가 어제 초등학교 졸업식을 하였지요. 축하하는 마음으로 온 가족이 근사한 식당에서 맛있는 양식을 먹었습니다. 예전에 엄마도 비싸서 그런지 더 맛있다며 비프스테이크를 드신 것 생각나세요?

엄마, 꿈 같이 생시 같이 보고 싶은데 아버지 오빠 친척들 만나 이야기하느라 못 오고 계시는 겁니까?

제 마음은 하루에 몇 번도 죽을까 살까 혼란을 겪습니다.

무제

하늘은 곧 우리 마음 안에 있으며
그 마음 가는 곳에 하늘이 있다.
그 하늘에 가 닿으면 어머니를 만날 수 있을까?

정분이란 게

눈발이 숲으로 들어가지 못하고
아스팔트에 헝클어져서 미친 춤을 추었지만
석진이 입을 개량한복 한 벌 얻어서
좋다고, 그 어미 만나러 가는
서귀포엔 봄날이었습니다.
가족이랍시고 석진 어미 보자
내 고단함이 그만 홍건하게 눈물로 쏟아져
조카며느리 눈자위까지 젖게 하고 말았습니다.
정분이란 게 이런 건가요?
돌아오는 길에 참 많은 생각들이
차창에 달라붙는 눈송이처럼
명멸해 가는 걸 눈여겨 봤습니다.
하나 같이 당신이 그토록 소중하게 지키고자 했던
인내와 배려, 사랑과 우애의 평화였었습니다.
감사합니다. 어머니!
당신의 큰 가르침 깊이 간직할게요.

짐승의 울음

고향마을 어귀에 다가서니 산천도 강물도 헛헛하기만 하였습니다.
마당에 들어서니 늘 반가이 맞아주시던 그 추녀 끝에는
오후 햇살이 흐드러지게 부서지고 있었지만
당신의 환한 웃음은 어디에도 없었습니다.
때마침 달려 나온 큰올케를 얼싸안고
말 못하는 짐승의 울음 같은 흐느낌을
꺼이꺼이 토해냈습니다.

엄마!
겨울 날씨에 아직은 무덤이 맨살의 흙이어서
제 가슴이 쓰라렸습니다.
언제나 변함없이 나와 함께 계시리라 믿었던
엄마를 산에 두고 엄마, 안녕!
돌아서는 걸음이 참 많이 무거웠어요.
인사 올리는 제 목소리 들으셨지요?
제가 들려드리는 하모니카 연주도 들으셨어요?

그래도 엄마는 제 목소리 들으면
따뜻하게 잘 계시리라 생각합니다.
엄마! 우리가 참 행복한 가족으로 살 수 있게 해 주셔서 감사합니다.

허전한 마음

며칠간 서울 현민이 내외가 애기 데리고
왔다 갔습니다.
시은이가 예쁘게 자라 아주 귀여웠어요.
같이 놀러 다니면서 재롱도 부리고
모처럼 정붙이더니
눈에 아롱아롱 밟히는 게 또 보고 싶어지면서
엄마가 생각납니다.
우리들 생신이라고 모여들었다가
우르르 빠져나와 버렸을 때
그때 남아 있는 엄마의 마음이
이토록 아쉽고 허전했겠구나.
무수한 밤을 뒤채이며 선잠으로 보냈겠다 싶으니
마음이 또 울컥합니다.
엄마, 보고 싶습니다.

보름달

자정을 넘기고
새로 1시, 잠은 오지 않고
작은 창문으로 하늘을 다 보자니 고개가 아파
옥상으로 갔지요.
보름달이 어찌나 훤 ~ 한지
제 그림자를 밟으며 달빛을 좇아가는 동안
아……!
기장쌀에 굵은 수수와 팥하며 보리쌀이 잔뜩인 찰밥을 먹고
깡통에 숯 가지를 넣고 쥐불 만들어
큰골 앞산에 달마중 가서 소원 비는데
어느새 그 맑고 하얀 엄마의 웃음이 보이데요.
어린애처럼 엄마~ 하고 부르니
탑동에서 놀던 파도가 소리 내어 웃어요.
아마도 당신이 듣고서
"싱거운 녀석!" 했겠지요……?
한량없는 당신의 사랑으로

제 삶이 한결 단단한 줄을 아는데
감사를 받아야 할 당신 자리가 비어 있어요.

이른 봄

봄이 너무 이르다고 야단들이더니
집 앞에 실버들 늘어진 가지에 연둣빛 눈망울이
햇살에 그네를 타더니
이 춘삼월, 회오리바람에 호우주의보가 내리고
연 이틀째 강풍이 난타를 친다.
얼씨구, 장단에 눈발까지 흩날리니
변덕스런 기상 이변에
사람도 자연물도 어리벙벙 돌아지겠다.
세상은 이래 혼잡스러워요 엄마,
거기는 조용하시지요?

달래무침

오늘은 햇살 푸짐한 들녘에 나가
달래를 캐왔습니다.
찔레 순이 제법 이파리 흉내를 내고 있는
가지를 밀치고 소복소복 봄 향기를
캐다 보니 소쿠리 가득하게 차올랐습니다.
양념장에 무쳐놓으면 참기름 냄새보다 고소하려니
된장찌개에 썰어 넣고 끓이면
차암 맛나겠다, 생각하였습니다.
이 맛난 것들을 드리고 싶은 마음
굴뚝같습니다.
사랑하는 님이여
편안히 잘 계신지요?

봄볕 따사로운 날

천연덕스럽게 아스팔트를 폴짝거리며
삐대고 있는 햇살이네요
흙 내음 다 가시지 않은 미뿔에도
마냥 따스한 볕이 머물고 있는지요?
작년 이맘때는
마루 끝에 흐드러지는 햇살 받이로 계시기에
문득 전화 해봐야겠다 싶어서
손 전화를 꺼냈다가 도로 담아야 했어요.
내게 남은 날들을 온전히 다 밟기까지는
당신 사랑의 힘이란 걸 알지요
똑똑한 당신 딸은 알고말고요.
봄볕이 따사로운 날
들이나 구엄 집 마당으로 오세요.

검질 매다가

잡초 몇 꼬타리 뽑고는 일어서고, 담배 피우고, 커피 마시고
정전 가위 들었다가 톱 들었다가 해놓고는
허리야 다리야 하는데
열 식구 밥 해 먹이고 빨래 다 빨아 입히고
뙤약볕 아래 보리밭이며 조밭 그 긴긴 이랑을
어떻게 혼자 다 김 매셨어요.
당신 사는 게 사는 것 아니었다는 걸
이제사 알 것 같아요.
엄마!
"누고~!"
내다. 남이다.
"남이가~ 왜 전화했노?"
엄마 뭐하노, 싶어서.
"닭 모이 다듬다가 손이 곱아서 춧담에 앉아 논다."
밥은 먹었나?
"그래, 한 숟가락 넣어야 눈이 빠꼼해 지제,

서귀포 아들하고 미숙이 아들 모도 잘 커나?"
그래, 다 잘 있다.
엄마, 내 생각해서라도 꼭 먹어야 된데이!
"내 요량한다, 니나 배 곯지 말고 단디 댕겨라."
내야 나가믄 맛난 거 천지 볏가리다. 자나 깨나 엄마 걱정이제.
"늙어빠진 할마이를 에미라꼬……."
에~이, 엄마는 참!
엄마~!
"왜 이~!"
애정이 찰찰 넘치는 그 음성
듣고 싶어요.

햇살 한 줌

봄나물 파릇한 이파리 따라
햇살 한 줌 아껴가며 꼬~ 옥~ 꼭
보금지에 담아 왔습니다.
엄마!
마루 끝에 나앉아 무료히
제 전화 기다리셨어요?
새소리 바람결에 들으며
당신이 날 부르는 줄 알고 깜짝
놀랐어요.

내 영혼의 목마르뜨 언덕

바다는 사뿐히 건너는 바람의 손을 잡고
수평선 겨드랑이마다
안개꽃 흐드러지게 피엄구나.

하이얀 안개꽃 꽃등에
그리움 나르면
내 영혼의 목마르뜨 언덕에 집을 짓는다.
엄마가 머무시는 하얀 집

부재중

가슴 한복판을 여전히 물소리로 건너는 엄마
저만 숨겨놓고 아무 일 없는 듯
웃고 떠드는 나는 내가 아니다.
무의미한 일상을 무의미하게 따라가다 보면
존재의 부재가 얼마나 오지게 할퀼는지는
생각하고 싶지 않다.
앞 논에 봇도랑 물소리 멈춰져 있는데
밤 사이에
서달패 돌 무너지는 소리 들었는데

흰나비

오늘 내리는 비는
텃밭에 심어 놓은 고추 묘종들이
좋아 할 것 같아요.
처마에서 떨어지는 빗방울 소리가
내 듣던 낯익은 음성이었어요.
우산을 들고 화단 쪽으로 갔는데
앵두나무 잎사귀에 흰나비가 앉았길래
엄마! 날 보려고 이 비를 맞고 오셨어요?
꽃들이 많으니 집 잘보고 계세요.
내일 또 올게요.
속으로 인사를 했다.
사방이 회색뿐인 시가지를 내려다보며
점심을 먹었지요.
반찬으로 소고기볶음 한 젓가락을 넣고 씹는데
야들야들, 보들보들한 게 간도 딱 맞아서
엄마가 드셨으면 참 좋겠다 생각했어요.

이 세상 어디에서 당신과 함께
밥상을 마주해 볼 수 있을까요?
엄마! 내가 죽어 당신과 살 수 있다면
당신이 참 많이 그립습니다.

놔 두시이소

고사리 꺾다 보니
사방이 숲으로 둘러싸여 보이는 건
하늘뿐이었다.
이장해버린 묘지 옆에서
젖은 아랫도리에 감기는 억새 부러지는 소리가
은근히 무서워지기 시작했다.
바로 그때였다.
어느새 따라 오셨는지
"놔 두이소, 가는 내 막내시더."
부드럽고 공손하게 말 하는 엄마의 얼굴이 떠올랐다.
그러자 이내 두려움은 사라지고
한동안 엄마를 생각했다.
내가 아프면 엄마는 배로 더 아파하고
내가 기쁘면 엄마는 몇 십배 더 좋아 하시고
내게 일어나는 모든 궂은 일, 좋은 일,
나처럼 온전히 다 가지시는 이

세상에 엄마 말고 또 있을까.
거룩하고도 완벽한 사랑의 사도를
잃고 난 뒤에야 소홀했음을 알게 되다니?
참으로 어이없다.

고결하신 그분

저런 마한,
또 왔데이~
뭐 저런 물건이 다 있노!
명색이 문장가라 카는 게
해 다니는 꼬라지 보래.
쯔쯧쯧…….

고사리 꺾는 아주망이 되어
풀섶을 헤치고 다니는 내 모양이
나도 가관이라 생각 들어 우스운데
애가 달아 죽겠다는 엄마의
혀 차는 소리를 듣는 것 같아
엄마가 보고 싶다.
전화라도 걸어봤으면 좋겠다.

세상에서 가장 총명하시고

예의범절 바르시고
더없이 고결하신
나의 어머니, 이분용 여사!
내가 알지 못하는 어떤 세상이 있다면
부디 부디 편안한 가운데 행복을 누리소서.

지금만 같아도

당신 위해
지금처럼만 간절했더라면

당신 위해
흘리는 눈물이
지금만 같았어도

앓아서 날밤 새울 때
외로움이 생목숨을 짓이기며 공격해올 때
천식의 고통과 죽음의 공포에
생다지 떨게 놔두지는 않았을 텐데

당신 향한 그리움이
막막함에 떠밀려
혹독한 적막에 갇힐 줄을
진작에 알았더라면

내 사랑 남김없이
당신 이마에 얹어 드렸을 텐데

이별의 짧은 고통보다
그리움의 황막한 슬픔이 너무 길어서.

나는 아직

간직된 세월이 하 길어서
적어도 그만큼은 아플 것 같고
버리고 비운 만큼
공허함이 들어차서 가슴을 후벼댈 것이다.
사랑하는 이 있어
싱그러웠던 푸르름,
함께 있어 따뜻했던 햇볕들이었기에
먼 데 하늘은 내 님의 깊고 단아한 눈길이
쓸쓸하게 흐르고 있을 뿐,
나는 아직
아무에게도 다른 색깔의 물감을 칠해 줄 수 없어
안타깝고 미안하다.

어버이날에

거리에는 즐비하게 늘어선 카네이션 꽃바구니,
아! ~
나도 저 꽃바구니 하나 사봤으면…….

해마다 엄마한테 자장면, 치킨 값 보내던 서울 언니들
오늘은 어떡하고 있을까?
살아서 다시는 볼 수 없는
가이없는 울 엄마!
토끼 눈이 되도록 눈자위를 빠알갛게 덥혀도
한량없는 그리움만 바다를 흔들고 옵니다.

숙이언니

아들 많은 집 딸이 되어
환영 받으며 태어나셨고
곤고한 이 세상을 미움 없이 살아 온
숙이언니!
오늘은
예순의 나이를 꽉꽉 눌러 채우기 위해
생일 밥 먹는 날.
엄마를 닮고, 아부지를 닮고
닮고 또 닮아서
달빛 부서지는 웃음소리
화천리 삼고개를 심심치 않게 하시고
내 생의 삽지락이 닫히는 그 날까지
들을 수 있기를

엄마, 아부지요!
힘 좀 마이 써 주이소.

엄마의 향기

들판에는 지금 찔레꽃이 한창입니다.
은은한 향기가 꼭
우리 엄마의 말씀 같아요.
그 말씀의 하얀 꽃잎 하나를
입안에 넣어 굴려봅니다.

엄마가 세상을 뜨신 게 아니라
내 안에 더욱 오붓하게 지내려 오신 것을
이제야 알겠습니다.

오늘 저녁 미나리 무침을 먹으며
아! 이 맛을 즐겨하셨구나
엄마의 입안을 행복하게 하였던
이 돌미나리 향기가
내 입에서 향긋하게 씹히고 있습니다.

앵두 맛

오랫만에 집에 들러 보니
감나무에 감꽃이 하얗게 피었고
앵두나무엔 앵두가 터질 듯이 빨갛게 익었습니다.
우선 한 개를 따서 맛을 보니
시큼 텁텁하면서도 단맛이 도는 것 같아
입안에 가득가득 털어 넣었습니다.
앵두를 이렇게 많이 먹어본 것도 아마 처음인 것 같아요.

잡풀이 우거진 마당을 밀짚모자 눌러쓰고
소싯적 꼴 베던 솜씨를 발휘하여
이틀을 꼬박 낫질하였건만
하루치가 더 남았습니다.

퍼질러 앉아 땀 빼는 게 보기 안스러웠는지
흰나비 두 마리가 이틀 내내
열심히 거들어 주었습니다.

배나무, 산딸나무, 매실나무, 대추나무 가지 사이를 일일이 흔들고 닦으며

마당 구석구석의 풀잎을 골고루 곱게도 깎아주십디다.

엄마가 아버지 데리고 오신 거거든요.

아부지요, 욕봤니더!

엄마, 고맙데이~!

앵두가 먹을 만하다. 맛 좀 보고 가시이소.

오늘 하루

화단에 잡초 뽑고
스무나믄 고추포기에 바랭이도 뽑아 주고
이웃집 딸내미 영어 경시대회에서 대상 차지했다고
커피 잔 쨍그랑 부딪치며 축하도 해주고
햇볕 뜨거운 오늘 하루
나도 뜨겁게 넘겼다. 엄마!

란이가 다녀갔어요

포항에서 경란이 내외가 왔었어요.

가진 건 없지만 마음이라도 푸짐하게 주려고 애썼지요.

엄마가 알았으면

"엄뭐이 쌈드라. 우예 시간이 났던게세.

란이도 란이지만 김 서방이 어려운 걸음이다. 섭섭지 않게 해 보내라."

분명히 그렇게 말씀하셨을 테지요.

그 음성이 음악처럼 귓속을 타고 들어오는데

보고 싶은 마음이 와락, 봇물 터지듯 하여

엄마~!

외쳐 부르고 싶은 걸 억지로 참았어요.

얼마나 멀리로 가셨는지

꿈길에도 한 번 못 오시는지요?

얼마 안 있으면 서울 언니네도 올 거예요.

그동안 아버지 졸라서 제 방에 다녀가세요. 꼬~ 옥요!

참 말인게세!

오라버니!
고향집에 가서 보니
엄마가 참말로 방에 없던교?

……!
……!

참 말이던 게세
참 말로 엄마가 산으로 가버린 게세

아이고, 우짜노!
그때 상여 타고 가시던 분이
참말로 우리 엄마였던 게세

한 번만이라도 다시

한 번만이라도
다시
“엄마, 사랑한데이!” 말 해봤으면
한 번만
더
“엄마, 저 세상에서도 우리 엄마와 딸로 다시 만나제이!”
약속하며 꼬옥 안아 봤으면

다시 한 번만
“엄마, 잘 가거래이!”
따뜻한 이마에 입 맞춰 봤으면
“잘 있거라!”
그 목소리
한 번만 다시 들어 봤으면

누가 저 푸른 바다를 깨트릴까

가랑비는 팔랑개비로 날아들고
바다는 깨어질 듯 푸르다

남색 치마에 하얀 코고무신
살아 온 생애가
그토록 지엄하시어
안개꽃 몇 다발 풀어 놓는 파도,

어디에도 흔적은 찾을 길 없고
그리움만 불거져 상처로 번지는데
누가 구름에 물드는 노을이라 했는가?

오늘 이 애통에 젖어
퉁퉁 부어오른 눈자위가
거짓말처럼 수평선 너머 가라앉고 나면

또!
어느 어미 잃은 서러운 강아지가
다시 이곳 구엄 포구에서
저 시리게 푸른 바다를 깨트릴까

얼마나 더 목 놓아 불러야
저 바다보다 막막한 하늘은 부서질까

어머니……!
어머니……!

행여나 잊을까봐

이러다 참말로 잊을까봐
겁이 납니다.
그날 그 날을 밥그릇에 코 빠뜨리느라 더러
당신 생각 놓치는 줄 모르는 때가 있을 테니까요.
부르지 않아도 먼저 와서
내 생각 속에
일하는 손놀림 따라
잠자는 머리맡에
꼭 붙어 있으세요.
행여나 잊을까봐
울지 않도록
그리움 새카맣게 태워버리지 않도록
항상 내 곁을 지켜주세요.
그래야, 어머니!
내가 내 일에 마음 놓을 테니까요.

알지 못했습니다

하늘이 저토록 높고 파란 줄을
흰 구름이 둥둥 떠 있지 않으면
알지 못합니다.

바다가 심장을 베어 물 만큼 깊고 푸른 줄을
햇살이 내려오지 않으면
알지 못했습니다.

내 영혼이 차가운 바람에 떨고 섰을 때
삶의 곤고함에 멱살을 잡히는 곤욕도
젖은 베갯잇에 지피는 군불이
당신 없는 빈자리에서
더 따뜻해지는 걸 깨닫게 됩니다.

이별이 이토록 막막한 것인 줄을
죽음이 이토록 기막힌 것인 줄을

그리움이 이토록 처연하게 턱 밑에 차오르는 줄을

이제사!
가고 없는 이제사!
목구멍이 뜨겁도록
불이 납니다.

겨울비

당신 삶 속에서
빛나는 예지를 보았습니다.
먹돌보다 단단한 정신을 보았습니다.
재치와 유머
애틋한 사랑의 가락을 읽었습니다.
더 이상 완벽할 수 없는 사람을
땅에 묻고 말았습니다.
억울함이 소나기처럼
쏟아지는 겨울비 따라
당신의 애잔한 미소, 하늘만큼 그려 넣습니다.

너무 먼 이별

한 이불에 손잡고 누워
이바구로 살뜰히 정 붙일 때는
낡은 구들목도 고대광실 부럽지 않더니
처마 밑 차가운 서릿발 내 볼까봐
한순간에 이승과 저승
남남이 되어 벼렸네.

당신 가는 그 길이
어떤 길인 줄 알지도 못하면서
"안녕히 잘 가세요. 우리 곧 만날 거예요."
아무래도 너무 빨리 인사했네.

남은 자는 남은 자들끼리
산 자는 산 자들끼리
찔레꽃보다 향기로운 체취 움켜잡고
눈물로 백 날 천 날을 엮어도

가신 님 소식은 천지(天地)에 없네.

슬픔보다 무거운 보따리에
그리움만 하염없이 파고들어
이별 뒤에 남는 게
이런 건 줄 알았더면
제 아무리 무서운 체시*가 온다 해도
저승 잠 흔들어 깨워
그 손 꼭 붙들고 놓아주지 않았겠네.

*체시 : 저승사자의 또 다른 말

내 마음 아시는 이

바다가 마냥 고요하기만 하면
마음 던져 허우적거릴까봐
세찬 바람으로 와서 남빛 물결 산지사방으로 일으켜
안개꽃 뿌려 놓으시는 것
좀 보세요.
갈라진 수평선 끌어다가
검은 현무암이 하얗게 씻기도록 방망이치는
저 물보라는 분명
내 마음 아시는 이의
꽃 편지가 아닌지요.
한껏 기쁘고 즐거우니
죽어서도 뜨겁게 살아 있는 영혼이여
파도 위에 안개꽃
꽃바람의 노래여

계남댁 마지매는

아흔 셋의 생애 중에서
일흔 하고도 일곱 해를
곰창골만 문디기며 살 수 있었을까?
아들 넷도 모자라
손자 둘에 사위까지
줄줄이 앞서갈 때마다
그 절망의 혹독한 횡포를 어떻게 견디셨을까?
격랑으로 치받는 그리움의 울부짖음을
어떻게 감당하셨을까?
어느 한 놈 여봐란 듯 살지 못하고
궁색한 감정의 보따리밖에
풀어놓을 것 없는 여린 분신들의 눈망울
바라볼 때의 생살 찢기는 절통함을
무엇으로 짓눌렀던 것일까?
새 가슴 어디에 오릉* 같은 무덤들
다 숨겨 뒀을까

질곡의 세월, 가혹한 풍랑에
어찌 그토록 꽂꽂한 자존을 세울 수 있었을까?
어찌 그토록 단아한 생애를 지켜낼 수 있었을까?
계남 댁 아지매는,

*오릉 : 경주 왕릉 유적지 중에 5개의 릉이 모여 있는 곳

영덕 가는 완행버스

영덕 가는 완행버스 안이었다.

포항 터미널에서부터

젊은 여자와 아기가 옆자리에 앉았지만

이름도 모르는 가수의 뽕짝 가요보다

훨씬 덜 부시럭 거렸다

창밖엔 파도가 허옇게 손뼉을 치며

칠포에서 청하까지 이정표를 그리며 따라오는데

남호 지나 강구 삼사를 들어설 무렵이었다.

찰싹!
아기궁둥이를 때리며

"아이고, 쿨레*예~!"

"요 따라*야!"

태연히 기저귀를 갈아 끼우는 여자의 얼굴을

차마 바로 볼 수 없었지만

그날 이후 나는

봉다리 하나 풀어놓고 히죽히죽 다녀도 좋았다.

* 쿨레 : 경북 사투리로 '방귀냄새' 또는 '똥냄새'
* 따라 : 영덕지방 사투리로 '계집애' 의 다른 이름

사랑의 세레나데

당신을 알고
당신의 정갈한 인품을 흠모하는
사람들과 당신 이야기를
곶자왈 숲 길 수북이 쏟았습니다.

으름덩굴에는 으름이
다래 넌출에는 다래가
내 마음의 풍경화처럼
풋풋한 유년으로 가득 차 올랐습니다.

당신이 세상 뜨실 때
나비의 날갯짓보다 가볍게
세상 놓으셨던 것처럼
나도 그렇게 가벼이
당신과 함께 한 세월의 이랑과 고랑마다
실바람 살랑이듯

사랑의 향수로 남실남실 띄우려 합니다.

꿩 대신 닭이라고

서울 언니네 온다니까
엄마도 따라 오고 싶었던지
어젯밤 제가 잠든 머리맡에 계시는가 했는데
늦잠에서 일어나 보니
긴가 민가 가뭇하더라고요.

내 가는 길목 구석구석에 숨어 있는 복병에
발목이 잡혀 지치고 피곤할 때
도망칠 수 있는 피난처였고
언제나 편안한 안식처였던 당신,
그 빈 자리가 하도 기가 막혀서
언니들만 못살게 굴었지요.

택배로 부친 감귤 한 상자에 마음이 배퐁양* 해져서
백 부자 부럽지 않다며 월계동 중랑천이 넘쳐나도록 웃음 쏟던
숙이언니, 순연언니가 비행기타고

날 보러 온대요.
꿩 대신 닭이라고
외톨이로 떨어져 있는 날 위해
언니들이 큰 맘 먹었나 봐요.

기다리는 내내
하루하루 날짜 꼽는 설렘이 이리도 좋은 걸
바로 작년 이맘때
엄마도 이처럼 설레는 가슴에 손을 담그고
오빠, 언니들을 기다렸겠지요.
왜 계실 때 당신 마음 좀더 깊이 들여다보지 못했을까요?
엄마! 엄마!!

***배퐁양 : 꽉 차다, 넉넉하다**

추석에는 닭죽을

작년 추석에 함께 떠들고 찌짐도 먹고
커피 잔에 달콤한 웃음 넘치게 담았었는데
오늘 다시 그 추석은 돌아왔는데
아무도, 아무것도 없어요.
엄마!

하필이면 푸짐한 음식 제쳐두고
점심으로 닭죽을 끓였었지요.

몇 달째를 물죽 한 모금 넘기나 마나 하셨는데
어머나! 두 그릇이나 비우며
어찌나 달게 드시던지,
놀랍고 반갑고 기뻐서
당신 볼에 입 맞추며 좋아라 했었지요.

진작에 이것 저것 먹도록 해드릴 생각 못하였는지

돌아보니 제가 너무 맨자구*였었네요.

꽁꽁 묶어 감추었던 엄마 생각을
선흘리 웃바매기오름 꼭대기
쑥부쟁이 꽃 옆에 풀어 놓으니
날 사랑하신 따스한 손 꽃잎만 흔들어
양 볼이 떠내려가도록 물난리만 치던 걸요.

터져버린 이 감정의 방뚝 지켜보느라
많이 아팠을 오영순 선생이 미안해서
"가~ 을이라 가을바람 솔솔 불어오니~!"
하모니카 소리로 다독여 주려는데

엄마 곰창 떠나시던 상여 길에
단풍으로 마중하던
그 앞산이 또 물소리로 달려들어요.
아 ~ !!
그립다는 말로는 왜, 감당이 안 되는 걸까요.

***맨자구 : 바보**

내 추석 명절은

들판에 나락은 제 무게에 고개 숙이고
앞산에 떡갈나무엔 꿀밤이 노릿노릿 영글어
당신 손길 기다리다 떨어져 구르겠습니다.

모두들 한가위 명절 준비로 떠들썩한데
내 고향은 어머니, 당신과 함께
저 푸른 하늘 너머로 가버렸습니다.

내게 추석 명절은 이제
무수한 별무리를 띄우고
휘영청 노저어 오는 둥근달을 보는 일

햇빛 따사로운 툇마루 끝에서
감홍시 긁어 달게 드시는 영상을
매달아 두는 일

정성 쏟아 깎은 알밤이
내 입 안에서 오도독 오도독 부서지는 소리가
어느 굿 장단보다 듣기 좋다며 하얗게 웃으시던 어머니
한가위 보름달에서나 두리번거려야 할까 봅니다.

안녕히 잘 계시는지요?
사랑하는 어머니!
보고 싶어요.

어쩌면 좋아요

엄마, 55년 전 오늘
저를 낳으시고 또
이 만큼 살 수 있게 키워주신 것
엎드려 감사드립니다.

작년 이 날엔
목소리 섞어가며 즐거이
전화 줄 타고 오갔었는데
오늘은 엄마! 엄마! 불러도
전화기는 먹통이네요.

아!
어쩌면 좋아요
그 마음 어떡해요?
날 보고 싶어 하는 당신
그 맑은 눈에 눈물 가득 고이시면

당신 곁에 있는 것만으로도 행복이었습니다.
당신 딸로 살던 때가 축복이었습니다,
그 어느 때보다 당신을 사랑합니다.
사랑합니다. 엄마!

생일을 핑계로

생일을 핑계로 미숙이와 아이들하고
늦은 점심을 먹으러 갔지요.
지환이는 좋은 시 쓰라며 볼펜 한 묶음을
형진이는 하트 모양의 예쁜 시계를, (저만 생각하란다.)
그리고 영어경시에서 받은 수상금이 넉넉하니
점심까지 제가 사겠다고 우겨요. (결국 계산은 지 엄마가 했지만)

도두봉 근처 '로렐라이 언덕' 에서 스테이크를 먹고
잽싸게 바위 틈에 숨는 게를 약 올리다가
돌덩이를 뒤집어서 보말도 골려주고
팔이 아프도록 물수재비를 만들며
노을이 물드는 바닷가에서
우리는 모처럼 보너스 같은 시간을
파랗게 색칠하였지요.

순연이에요

엄마! 엄마! 엄마-아 ~ ~ !!!

불러도 불러 봐도 이제는 정말로 대답이 없구나.

엄마! 선도 안 보고 데려간다는 셋째딸 순연이에요.

따르릉 따르릉 전화할 때면 "연이가 왜 또 전화했노!"

전화비 많이 나온다고 차비 든다고 반가우면서도 "왜 왔노." "전화 끊자." 그러시더니 이제는 전화도 안 받으시네.

엄마, 전화 좀 받아 보세요. "누고~ 연이가 왜 또 전화했노." 라고 말예요. 애절한 그 목소리 한 번만 더 들어봤으면.

엄마 자식들하고 살겠다고 가을이면 감, 도토리, 한 다라이씩 머리에 이고 20리 길 걸어서 올 때도 오징어 창자 한 동이 이고 오셨지요. 손에는 여러 가지 해물 꾸러미들 들고, 우리들 먹이려는 생각에 무거운 줄도 모르고 한걸음에 달려오시던 어머니. 그렇게도 안타깝게도 살았건만 이 좋은 세상에서 호강 한번 못해보고 가신 엄마가 너무나도 아쉽습니다.

갈밭골, 달밝골 논농사 풍지게 들어앉은 나락들, 가을이면 굵고 굵은 나락 단을 아부지는 눈 어두워 못하시고 절뚝이는 옥이오빠 지게로 지워 앞세우고, 엄마랑 나랑은 머리에 이고 나르던 때가 생각이 나요. 삼고개 밭에 감자, 고구마 심어서 10가마 이상씩 캐어 무겁게 나르던 때도, 맛있게 삶아서 먹던 행복했던 순간들…….

엄마, 내가 26살에 결혼했으니까 25년 동안 엄마와 농사지으며 힘들었던 순간들, 또 가을 추수해서 맛있게 먹던 행복했던 순간들, 모두 모두가 아련한 추억이 되어 다시 그 시절로 돌아가고 싶어요.

그리고 끝차골, 달바골 산등 산등으로 고사리며 나물 뜯어서 엄마가 많이 했나 내가 많이 했나 비교해 보면서 미소 짓던 그 모습을 어찌 잊을 수 있겠어요.

엄마, 엄마하고 살아온 이야기 다 하려면 책을 몇 권 써도 모자랄 거야. 그렇지, 엄마?

엄마, 이제 못 다한 이야기는 우리 하늘나라에서 만나서 다하자. 엄마! 예쁜 꽃도 피고, 춥지도 않고, 덥지도 않은 예쁜 마을에 잘 자리 잡았어요? 그리고 엄마가 이 세상 뜨는 날 아파하지도 않고 조용히 자는 듯이 눈 감으셨어요, 엄마! 엄마는 행복해 보였어요.

엄마, 엄마한테 자랑할 게 있어요. 꽃 화환이 얼마나 많이 들어왔는지 제주에서 서울에서 영덕에서 우리 마당 가득이었어요. 날씨도 따뜻하고 너무나 보기 좋았어요. 그리고 더 보기 좋았던 건 엄마랑 아부지랑 나란히 안장할 때였어요. 모두들 복 많은 어른이라고 그랬어요. 엄마, 자식들 모두 마음이 아늑하니 좋았어요.

우리 엄마는 틀림없이 하늘나라 좋은 곳에 잘 계시리라, 춥지도 덥지도 않은 곳에서 그동안 고생했던 것 모두 잊어버리시고 아부지랑 행복하게 잘 계시리라, 엄마의 딸들은 믿고 이제는 엄마 걱정은 안 할게요. 엄마, 우리 먼 훗날 하늘나라에서 만나요. 엄마! 엄마! 안녕!

엄마 순연언니가 엄마한테 보낸 편지예요. 시집 간 뒤로 아마 처음이지 싶은데 이 편지 읽으며 심청이라고 별명을 얻었을 만큼 아부지한테 그지없이 잘해 드렸고 엄마하고도 가장 오래 같이 살았지요. 그 순연언니 시집보내 놓고 부엌 부지깽이, 빗자루, 숟가락 하나하나마다 순연이 체취라며 우셨다 그랬지요. 그토록 그리워하고 사랑한 쌍둥이 딸 순연언니 목소리 들어보세요.

하늘나라에서 고이 잠든 엄마에게

엄마! 보고 싶어요. 목소리도 듣고 싶어요.
엄마, 미안해요 살아계실 때 잘 하지 못한 것
용서해 주세요.
세상 꽃이 곱다한들 우리 숙이 만하랴 시며
곱고도 귀하게 길러 주셨는데
항상 못한 것만 생각나서
가끔 눈시울 적시곤 해요 엄마! 불러도
대답 없는 우리 엄마!
미국 언니가 우리들 보고 싶을 때
머리 속에 입력해 두었다 꺼내 본다고 했는데
저는 엄마가 보고 싶을 때
필름 펼쳐보듯 그려보곤 한답니다.
엄마! 하늘나라에서 꼭 좋은 곳에서 편히 계세요.
우리 남매 지켜주시고 사랑해 주세요.
엄마! 사랑합니다.

나와 숙이 언니는 돈 벌겠다고 일찍 엄마 곁을 떠났지요.
아홉 남매 중에도 유난히 고명딸처럼 키우셨기에
누구보다 엄마를 많이 흠모하는 마음을 갖고 있습니다.
그러나 우리 아홉 명 중에 저마다 자기를 가장 좋아한다고 믿는 건
엄마의 손길이 그만큼 골고루 잘 닿았다는 증거 아닐까요?
미국에 큰언니와 숙이 언니가 가장 두드러지게
엄마의 품성을 많이 닮은 것 같아요.
자매간에도 존경을 받는 분들이니까요.
그런 숙이 언니가 엄마를 많이 보고 싶어 합니다.

격정으로 달구는 하루

거대한 죽음의 강물을 달려오는
그것은 질풍노도와 같은 이별의 슬픔과
분노의 바람에 휘날리는 머리카락처럼
가슴이 갈래갈래 찢어져도 아프지 않습니다.
예, 지옥도 고통도 슬픔도 분노도
결코 떼어놓을 수 없는 삶의 일부분이란 걸, 그래서
내가 오래 살아 있거나 죽음의 세계로 간다 하여도
다시는 당신을 만날 수 없다는 사실에
이리도, 이리도 캄캄합니까?
분노의 뚝섬에 갇혀 울고 있는 나를
사람들은 힐끗거리기만 할 뿐 그냥 지나가버리고 맙니다.
말보다 앞서는 이 격정이
당신을 위한 예의가 아니라고 말합니다.
그래도 괜찮습니다. 까짓것 비켜가라지요.
눈물이 처절하면 할수록 당신이 내게 오는 길이 수월하답니다.

엄마, 어디 계세요?

오늘은 길모퉁이에 숨어 있는 복병에 넘어져
체면이 형편없이 아프고 피곤해서
당신의 깊고 고요한 사랑의 강물에
평화롭게 잠기고 싶습니다.
운명이 깐죽거리고 덤벼도 상관 않겠습니다.
언니 오빠가 걱정하지 않게 무엇보다도
엄마가 걱정하지 않게 하려고 웃고 장난쳤지만
그런 행간 행간마다에서 찰랑거리는 물소리 들키고 나면
좋은 분위가 순간 뜨악! 해져서 참 민망스럽기도 하지만
괜찮습니다, 나의 벗들은 참 괜찮은 사람들이라서
나보다 엄마를 더 좋아합니다.
어느 달 밝은 빛살타고 오시는지요?

내 사는 동안

일생일대 가장 완벽한 시절은
사랑하고 사랑받으며
당신과 함께 살았을 때였습니다.
그러지 않고서야 인간의 고단함을 지고
여기까지 올 수나 있었겠습니까.
남의 집 살이 주인 눈치 봐가며 검정고시 공부한답시고
마당과 화단의 경계 돌에 쪼그리고 앉아 달빛을 호롱불삼아 연필 꾹
꾹 누를 때도
한 장에 오 원짜리 스웨터 등짝이 내 키보다 높게 쌓이도록
몇날 며칠 밤낮을 요꼬 공장 편물기계 소리에 날려 보내면서도
하나도 서럽지 않았습니다.

자식하나 없는 요량하라고
제주 섬 바람에 볼기짝 내려놓고
눈발 차가운 연동에서 여상 앞까지 빈주머니에 손 찌르고 걸을 때는
눈칫밥 벗어나 카페랍시고 개업했지만

외상 손님 발뒤꿈치에 야속한 눈길만 얽어매다가
땡 빚을 져서라도 전화 놓아야지,
그놈의 땡 빚 얻으러 갔다가 사그리 헛걸음칠 때는
치맛자락 홀쳐 안고 이 골목 저 골목 종종걸음 다니시며
새가슴으로 팔딱일 당신 생각하였습니다.
모르셨지요? 엄마.
그날 중앙로 공중전화 부스에 갇혔던 울음을
강원도 고 선생이 꺼내주었을 때도
엄마가 아는 건 차마, 차마 못할 짓이라 생각했습니다.
나는 오직 당신께 즐거움만 드리고 싶었습니다.
그러나 엄마 안 계신 지금이 너무 서럽고
너무 무섭습니다.

제주 바닷가에서

저 수평선 너머에는 소나무 울창한 산마을이 있고, 그 마을 앞 거랑에 맑은 물 속에 다슬기가 모여들고, 검정고무신에 쫓기는 송사리 돌 틈에 숨어들었다가 돌벼락에 배 뒤집혀 고사리 같은 조막손에 기어이 잡히고 맙니다. 누리끼리하게 널려 있는 광목은 어느새 냇물이 부르는 노래에 잠겨 하얀 옥양목을 꿈꾸며 오수를 즐깁니다.

햇살 푸짐하게 밟히는 골목길을 지나 엄마는 대소쿠리 살짝 옆에 끼고 뒷산 정구지 밭에 갑니다. 지겨운 보리밥에 지겨운 정구지 반찬, 그래도 투정이 다 몇 살이더냐 목구멍이 비좁다 밥숟갈 밀어 넣는데 어느새 그만 먹어라 숟가락 놓아라 눈치코치 다 보내는 엄마. 그때는 그러는 엄마가 어찌나 밉던지 우리 엄마가 아닌가 생각도 했습니다. 비록 철없던 때라 할지라도 잠깐이나마 그런 생각했던 것마저 이제는 죄송하기만 합니다.

어디쯤 가셨어요?

어두운 그곳
그 맑은 예지의 눈으로 가고 계십니까?
엄마!
먼저 가신 인국 댁 아지매가 몰라보시거든
맨자구라 나무라지 마시고
"이 사람아 날세." 먼저 인사 올리시고
'단디, 걸음 하시이소.'
동포 아지매 만나거든 내 안부도 전해주세요
'계남 댁 남이라 카믄 단박에 알끼시더.'
웃모태 중예 아지매도 찾으시고 안 골목 버너 아지매, 대화 아지매도 만나시고
알모태 상예 아지매, 상괘 형님도 부르시고,
모두 모여 홍겨운 춤사위 돌리신다면
까짓것 돈 2환 안 줘도 다라이 장단 두드려 드리지요
그렇게 한바탕 신명나게 노시다가
옆집에 재용이 엄마, 앞집에 흠용이 엄마, 뒷집에 길이네 엄마, 갱빈

에 성찬이 어무이, 고영록 어매, 최숙자 엄마, 모개 엄마, 재현이 엄마, 조야네 엄마까지 두루두루 살펴보세요.

엄마 성품 제일 잘 알아보시던 성달이 오빠, 형관이 오빠, 성관이 오빠, 멋쟁이 오빠들 한걸음에 달려와서 "계남 아지매 뭐하다 이제 왔노?" 호탕한 인사 건네시며 참말로 제대로 사람대접 하실 거예요.

가만 계셔도 큰오빠, 옥이오빠, 춘이오빠, 율이오빠 그리고 흑규, 장규는 물론 서울 형부도 오실 텐데, 그때는 우리 엄마 참말로 호강에 기꺼워하시겠다.

다시는 캄캄한 방구석에 외로이 누워 있지 않아도 되겠다.

그 옛날 우리 집 마당에 실팍한 웃음 놓으시던

그리운 얼굴 얼굴들이 어제인 듯 환하시겠습니다.

길 없는 길

꿈틀거리는 맥박 속으로 스며드는
당신과 함께했던 행복한 시절
당신과 함께 즐거웠던 날들
그 많은 시간들이 왜 이리 아스라한지요.
아무리 쫓아가도 멀어져만 갑니다.

밤보다 어두운 시간 속을 걸어왔습니다.
나 당신을 서럽게, 서럽게 부릅니다.
모두들 즐겁게 떠들고 노는 등 뒤에서
당신의 눈물을 봅니다.
평생을 가난과 싸우며 혼신을 다해 살아오신 어머니
고통과 절망 앞에서도 자식들에 대한 믿음
버리지 않으셨던 어머니
따뜻한 영혼의 지혜롭고 정갈하신 가르침,
내 부실로 다 담아두지 못하였습니다.
죄송해요. 엄마.

물에 뜨는 새벽별

물은
넓은 곳에서 바람 부는 데로
출렁거리기만 하는 것보다
마른 땅 슬그머니 적시기도 하고
높은 데서 낮은 데로 떨어지기도 하고
커다란 바위에 부딪치기도 하며
더러는 조약돌을 굴려 쫘르르 소리 내기도 할 때
진정 물의 모습으로 사는 거라 하셨지요.
그러면
곤한 잠자리를 털고 일어났을 때나
가위눌려 허우적이다 깨어났을 때에도
새벽별은 언제나
그 자리에서 반짝이듯이
더러는 반달 하나쯤 배경으로 놓고
내 하루를 상큼하게
건너 오십시오

새벽이슬을 털며
흐르는 아침 강물에 세수를 하듯
청춘을 놓아버린 이들에게
아련한 그리움 같은
시간의 갤러리에
어머니 당신을 걸어두지요.

예전에는

상가 집에 조문 가면 곡소리도 안 나고
상주들은 분주하게 식당을 비집고 다니는 게 이해가 안됐어요.
그런데 엄마,
병풍 너머에 붉은 사막을 생각지 못하고
캄캄한 비탈길에 잇몸 으깨는 건 생각지 못하고
나도 그렇게 하얀 상복에 때를 묻히고 손님 맞으며 웃고 있데요
내 마음 생각대로라면
잠시도 상 앞을 떠나지 않고, 밥도 먹지 않고
아이고 아이고 울 엄마야 ~
애통한 울음 울음에 일꾼들도 울리고
그러다가 혼절하고 그런 거였는데
참 기막히고 어이없어
"에라, 이 몹쓸 이나야*!" 하고
우리 엄마 혀깨나 찾겠다 싶었어요.

*이나야 : 계집애야

어떤 대화

엄마, 생각나세요?
바람이 구엄 집 문지방을 들락거리는 여름날
커피 향기에 이런 저런 이야기를 적실 때
제주도는 알 양반들만 모여 살더라
보는 이마다 예의바르고 잘 생겼더라
그래서 니 걱정은 안 한다 하셨지요.
"니는 이 담에 나이 들거든 양로원에 가거라
거기는 돈 많이 갖고 가면 좋다고 하대……."
말하는 엄마도 듣는 나도 목이 메어 뜨겁던 날.
이제라도 엄마한테 가고 싶다.
나이 어린 사람이 찾아와도 몸빼 차림으로
불쑥 맞는 모습 본 적이 없었지요.
영덕 계시는 내내
그토록 제주도를 그리워하시더니
이제는 나비로 환생하시어
제 가는 어딘들 못 다니시겠는지요!

엄마 엄마 울엄마야

저기 거랑 물 따라 가는 꽃상여
곱기도 하다 누가 탔노?
내사 몰다 내사 몰다
아이고, 아이고, 울엄마세!
엄마, 엄마, 울엄마야!
어디 가노? 어디 가노?
금쪽같은 날 놔놓고
우쨀라고 그냥 가노!
엄마! 엄마! 내캉 가자.
내캉 내캉 같이 가자.

엄마 생각

오늘은 날씨가 참 쾌청해 관음사 부근 살랑거리는 바람에 마음을 맡기고 앉았는데 달밝골이 훤하게 달려왔어요.

"오라 ~ 이." 모 줄 넘기는 소리가 골골을 울리며 메아리치고 나는 엉덩이를 하늘로 치 받으며 가재 잡느라 정신을 빼 놓고 있는데 막걸리 한 주전자 가져오라는 심부름이었어요.

집에까지 가려면 도랑을 건너고 가파른 언덕 재를 넘어야 하는데 무섭기까지 한 산길이었지요.

기껏해야 대 여섯 살쯤이었던 나는 열한 두 살밖에 안 되는 숙이 언니 손잡고 가는데 나는 언니가 있어 무섭지 않았는데 숙이 언니는 많이 무서웠던가 봐요.

뭐라고 했는지 모르겠지만 도란도란 숙이 언니 목소리가 귓속에 어렴풋한 달밝골 재 위에 올라서서 옹기종기 초가지붕들이 고즈넉한 마을을 내려다보며 바람에 이마를 닦고 있는데 바로 등 뒤에서 미친갱이가 나타났어요. 순식간에 벌어진 일이었지요. "사람 살려요." 고함을 질러도 논에 모심는 어른도 마을사람들에도 들리기는 만무하지요. 허겁지급 혼비백산, 언니와 나는 밤나무 우거진 내리막 숲길을 맨발로 내 달았어요. 마을에 당도하니 전날 비가 많이 와서 거랑물이 불어 있었어요. 얼른 건너지 못하고 발만 동동 구르는데 어이쿠나! 어느새 미친겡이도 따라 왔어요. 언니는 생각할 겨를 없이 내 손을 꼭 잡고 물속으로 뛰어들었어요.

엄마야 날 살려라. 울고불고 고함을 쳐대는 우리의 소리를 들었는지 형만이오빠, 형주오빠가 달려왔어요. 언니와 나의 손에는 주전자와 검정고무신만 잔뜩 움켜쥐어 있었어요. 다리에는 긁히고 뜯겨 성한 데가 없고 발등엔 밤송이 가시가 촘촘히 박혀 있었지만 아픈 줄 모르겠더라고요. 살았다 싶었는데 웬걸 집채만한 걱정 하나가 대책 없이 덤비데요. 미친겡이에 붙잡히지 않으려고 도망치는 사이에 주전자 뚜껑을 잃어버렸어요. 엄마한테 혼 날 걸 생각하며 숙이 언니는 울기만 했지요.

그날 밤 나는 내가 제일 싫어하는 밥 굶는 벌을 받았고, 숙이 언니도 밥은커녕 종아리가 퉁퉁 붓도록 매만 맞았지요.

엄마, 그거 알아요?

자매지간도 보는 데서는 절대로 매 맞는 모습은 보이지 않았다는 것. 울음도 입 벌리고 크게 울지 못하게 했던 것, 그래서 둘이 언니와 나, 놀러도 안 가고 추담에 쪼그리고 앉아 회초리 소리, 언니의 흐느낌 소리 다 들으며 우리도 같이 아팠거든요.

제가 커오는 동안 울면서 방문 열고 나오는 건 더러 봤지만 언니 오빠들 매 맞는 현장은 단 한 번도 본 적이 없었어요.

엄마, 어쩌면 그렇게 자신으로부터 단호할 수 있었는지요?

당신은 정말 지혜롭고 현명한 분이셨어요.

여태까지 우리가 착해서 우애가 돈독한 줄 알았는데 그건 정말 아니었다는 걸 오늘에야 깨닫게 되네요. 사랑과 우애, 나눔과 배품의 즐거움, 이 모두가 엄마의 지혜로 가꿔진 것을. 엄마, 당신은 정말 너무 훌륭하세요. 제 일생일대 오직 당신 앞에서만 부끄럽습니다. 그래서 당신이 내 엄마였다는 게 둘도 없는 축복이어요. 엄마의 반의 반도 못 미치겠지만 열심히 따라 갈게요. 아둔한 저를 사정 봐주지 말고 꾸짖으세요. 그런 엄마를 사랑합니다. 아니, 영원히 사랑하고 자랑할 거예요.

다음 소식 전할 때까지 안녕히 계세요.

엄마가 사랑하는 막내 딸 올림

매보다 무서운 가르침

엄마, 저 남이에요.

바람이나 쐬다 올 요량으로 나갔다가 가랑비를 맞으며 취나물 한 움큼 뜯어다 무쳤더니 향기가 마치 엄마의 체취를 먹는 것 같아 울컥 눈두덩이 쥐 난 것처럼 빼근해 지더라고요.

엄마 생각나세요?

제가 초등학교에 막 입학했을 무렵인 것 같아요. 그날 점심시간에 아부지가 잡숫고 버린 소주병 하나를 숨겨 뒀는데 어떻게 알았는지 순연 언니가 몰래 훔쳐갔어요.

내 놓으라 다그쳐도 약만 살살 올리는데 화가 나서 순연 언니 멱살 흔들고 주먹질해도 성이 안 차서 "요 시팔 따라, 빨리 안 내놔!" 하고 욕지거리를 뱉으며 싸우다가 엄마를 발견하는 순간 얼른 싸움을 멈췄지요.

그런데도 엄마는 조용히 나뭇단 쪽으로 가시더니 싸리나무가지를 쭈욱 빼드는 게 아니었어요. 저는 그길로 도망을 쳤지만 동네 한 바퀴를 다 돌아도 엄마는 회초리를 뒷짐으로 지고 끝끝내 따라 오시는 거였어요. 도저히 엄마가 포기할 것 같지 않아 자리에 주저앉아 저만치서 다문다문 걸어오는 엄마를 기다렸지요. 기다리는 동안 마음은 두려움으로 콩닥콩닥 뜀박질하였어요. 차라리 "거기 서지 못하겠냐!" 고함이라도 치고 회초리라도 흔드는 척하였더라면 나았을 걸 무표정한 침묵의 시간이 어찌나 무서웁던지요?

"엄마 ~ 잘못했다 내 다시는 안 그러꾸마, 한번만 용서해도고." 두 손이 발이 되도록 싹싹 빌었지요. 조용히 다가선 엄마는 말없이 제 손을 잡고 걸으시더라고요. 붙들리면 흠씬 맞을 줄 알았는데 저는 속으로 얼마나 안심이 되던지, 엄마가 이끄는 대로 따라 갔어요 그런데 마을 맨 끄트머리에 있는 금천교회 뒷담으로 가시네요. 아뿔싸, 나는 죽었다 싶었지요. 그랬는데 주위에 커다란 돌덩이들을 잔뜩 가져다 놓고는 담벼락에 기대앉더니 몸이 안보이게 돌덩이를 얹잖아요. 그리고 하는 말씀이 "너를 바르게 키우지 못하였으니 어미 될 자격이 없다. 내 죽거든 너희들은 싸우지 말고 잘 살다오너라." 그러실 때는 철렁 내려앉는 가슴을 붙잡을 틈도 없었어요. 정말인 줄 알았거든요.

눈물 콧물 범벅인 채로 애걸복걸 매달렸지요. "엄마 다시 안 그럴게. 응, 엄마 제발 용서해도고!" 빌고 또 빌었어요. 조막손으로 사력을 다해 돌을 끌어내려도 돌덩이는 자꾸만 엄마 목에 까지 차올랐어요. 그때의 다급함과 절망감이란 어찌 말로 다할 수 있겠어요. 안 되겠다 싶어 밖으로 나와 "사람 살려요."하고 연신 외쳐대며 발만 동동 굴렀어요. 다행히 웃마을 아저씨 한 분이 지나다가 얼른 쫓아와서 "아이고 아지매요. 무슨 일잉교? 고마 참으이소." 하고 말려주셨지요. 그때 멋쩍은 듯 일어나며 하시던 말씀 지금도 귀에 쟁쟁합니다. "아이고 부끄럽니더. 내 딸 버릇 좀 고치니라꼬, 그만 가시이소."

엄마, 나는 그때 진짜로 엄마가 죽는 줄 알았어요. 그렇게 혼 구녕나던 밤에 엄마는 나를 포근히 안아주었고 그 품에서 평화로웠던 잠을 어찌 잊을 수 있으리까.

그 어떤 매보다 그 어떠한 말보다도 준엄했던 가르침이었기에 고이고이 간직하며 제 삶이 힘들 때마다 꺼내보곤 했다는 걸 엄마는 모르셨지요? 그 일이 있은 후로 내 입에 다시는 욕지거리를 담지 않은 것은 물론 듣는 것조차 아주 싫어했답니다. 그때 엄마의 나이와 비슷한 오십하고도 반을 올라선 지금도 여전히 그래요.

세월이 흘러 희미한 기억의 끝자락에 선다 할지라도 엄마에 대한 내 마음 변하지 않을 겁니다.

엄마, 누구보다 저를 많이 믿으셨죠? 걱정하지 마세요.

엄마의 금쪽같은 딸 순남 올림

사모의 정

내 사랑 영원히
해와 달이 바뀌어도
내 어이 당신을 잊으랴.

언제나 다함없이
사랑하는 내 어머니
잊지 않으리.

내 눈물에 미끄러져
피 흘리며 길 위에 쓰러져도
내 영혼의 따뜻한 보금자리
당신께 가기까지
사모의 정 품고 가리.

경순이에게

그래 경순아, 건강하게 살아줘서 고맙다.

진작에 전화하고 싶었으나 여의치가 않았다.

사는 게 다 고만 고만하니 누가 더 특별할 것도 없는 거잖아.

더 있고 없고는 마음먹기 따라 차이가 없는 것 아닌가 생각한다.

너의 외할머니가 한 많은 이승을 뜨려고 하는 이틀 동안 우리는 참 많은 이야기를 주고받았단다.

내가 할머니 귀에 대고 "엄마, 못난 자식들이 고생만 시켜드려 죄송해요. 용서하세요." 했더니

너의 외할머니 왈, "나는 너희에게 에미로서 잘 먹이고 입히고 높은 공부시켜준 것 없어 미안하기만 한데 너희들은 날, 알뜰히도 엄마! 엄마! 귀하게 받들어줘서 고맙다, 내 죽거든 슬프게 울지 말아라." 유언하셨단다.

다시 내가 말했지. "엄마! 못난 자식들 다 이쁘게 봐줘서 우리가 더 고마워, 훌륭한 엄마의 딸로 사는 동안 너무나 행복했었다."

그리고 숙이 이모도 둘이 이모도 차례로 귀에다 대고 흐느끼며 말했지. "엄마! 먼저 가서 좋은 자리 잡고 있으면 우리도 곧 갈게. 그때 다

시 우리 엄마와 딸로 만나자. 알았제? 약속해라." 했더니 가느다란 음성으로 "오야, 잘 있다 오너라." 그러셨어.

경순아,

우리 비록 가난했지만 참으로 따숩고 정다운 사랑 속에서 살았던 것만은 확실하다. 우리처럼 정답게 사는 가족도 드물 것이야.

숨을 거두시는 순간까지 정신을 놓지 않으시고

비녀가 떨어지면 힘없는 손으로 머리카락을 쓸어 올리며

최후까지 흐트러지지 않으려고 애쓰시던 그 자존은 차라리 거룩하게 보였다.

그런 분을 어머니로 두었던 나는 생애에 다시 없을 행운아였던 게 아닌가 싶어.

내 의지와는 상관없이 언젠가는 이 애통한 감정도 시들고 말겠지.

아직은 아니야. 나더러 그만 슬퍼하고 그만 말하라고 하지마.

바쁜 일상들이 정신을 흔들며 달겨들어도 경순아,

우리 안부만이라도 자주 챙기고 지내자.

사는 게 꿈 같아서 언제 훌쩍 사라져 후회로 가슴 치는 날이 올지 몰라.

또 연락할게 유 서방에게도 ・*・ 나날을…….

가족

미숙이 내외와 귀엽고 잘 생긴 아들 두 녀석
모처럼 한자리에 앉아 늦은 저녁을 먹었습니다.
커다란 접시에 가득한 아구찜
국물도 남기지 않고 깨끗이 비웠지요.
형진이도 지환이도 어멍 아방도
맛나게 먹는 모습, 나는 두 공기의 밥을
거뜬히 먹어치웠습니다.
내 식욕을 걱정한 미숙이 왈 "과식하는 거 아니우꽈?"
대답대신 웃음으로 때웠어요.
가족은 이물 없고 그냥 흉 잡혀도 편안한 것을…….

그리운 시냇가

그때,
그 사려 깊은 말씀이
밤하늘의 별무리 되어 반짝입니다.

반짝이며 흐르는
그리운 시냇가에 눈을 빠뜨리고
자글자글 물소리를 내는
조약돌 하나 손에 만져집니다.

손가락 마디마디를 타고
뚝뚝!! 떨어지는 물방울,
어느 한때의 기쁨이듯 가슴을 흔듭니다.

아! 이게 누구십니까?
내 온 마음을 다해 사랑한 이여
죽어서도

달빛 없는 강가에 걸음 놓으시고
대책 없는 이 설움 닦으려 하시는지요.

당신 없는 세상은 강물도 숨을 죽입니다.
오십시오!
어서 오십시오!
은하수 건너 별빛으로 오시면
달디 단 말씀, 홍시인양 따 먹겠습니다
달빛으로 오시면 환한 얼굴에 웃음인양 따라 웃겠습니다.
바람으로 오시면 그리움인가 하여 다 들이키겠습니다.
빗물로 오시면 사랑인양 빗물에 젖겠습니다
눈발로 오시면 그대로 눈에 덮여
당신과 나 따스한 꿈으로 살겠습니다.

세월이 흐르고
나 또한 저세상 사람인 때에
그리운 시냇가 별 떨기로 나선다면
아! 우리가 풀 섶에 나란히 앉아 도란거리는
노래라 일러 주십시오.

한 번 더 보고 싶은 사람

한 번 또 다시 보고 싶은 사람
굵은 주름 펴고 환하게 웃는 얼굴
보고 싶네. 한 번 더
매일 보고 싶네.

하늘나라 간
보고 싶은 사람

한 번만 더 욕심내는 마음
매일 매일 똑같아
미치겠네.

잘 해주지도 못했는데
잘 해준 것처럼

보고 싶은 한 번만 더 보고 싶은 사람

우리 외증조할머니

복주 딸 연진이가 엄마한테 시를 썼더라. 제법이제?
엄마! 울지 말고 웃으며 읽으세요.

무제

죽음만이 적막은 아니다.
죽음보다 더 캄캄한 적막은
살아서 죽음을 보는 것이다.

열아! 불러보세요

어느덧 세월은 가네.
문 앞에 앉아서 어머니 부르면
누고 왜 왔노.
무슨 말씀이 그래요?
할 말도 없지요.
평생을 부모 노릇도 못 했다고.
큰 소리 한번 못 쳐보시고.
끝내 잘 있으라는 말 한마디 없이
이 세상에 뿌려놓은 당신의 씨앗들은
애당초 걱정도 아니 하시었나.
그렇게 눈을 감으니 다시는 몸부림을 쳐도
애절하게 불러도 한마디 대답도 못하시네.
열아!
한번 불러 보세요.
서울이 아무리 멀어도
눈비가 와도 달려갈게요.

전화 벨 소리만 나면
혹시나 하고 가슴이 먼저 뛰어나가더니
이제는 그마저도 할 수 없어요.
바람처럼 지나간 당신의 흔적들은
어디 가서 찾아 볼까요.
어디서 한번 불러 보세요.
땅 속에서 부르면 분명 들릴 거예요.
열아! 큰소리로 열아~!
어머니 저예요, 여기 있어요.

엄마! 열이오빠가 쓴 거예요
오빠한테 가서 손도 잡아주시고
뭐라 말씀도 좀 주시고 그러세요
오빠가 많이 섭섭한가 봐요

어머니 마음

지난 20일 아버지 제삿날
시골에 가서 이틀 밤을 지내면서
어머니께서 쓰시던 방에서 잠을 청했던 일이
이렇게 좋은 집으로 이사를 하고 보니
더욱 더 어머니의 모습이 새로워지고
우풍이 세어서 등이 시리는 방에서 어떻게 긴 세월을 보냈을까?
생각만 해도 가슴이 아파
좋은 잠자리가 바늘방석이구나.
모든 것이 운명이라고 생각하기엔
내 부덕의 소치가 너무도 안타까울 뿐이다.
33평 넓은 집에서 못 다한 자식 노릇 어떻게 해야만 하나.
오늘도 온 식구가 다 모여 야단 법석 이지만
내 마음엔 쓸쓸한 바람이 흐르는 구나.
내 자식은 이런 부모 마음 아는지 모르는지.
어머니도 나 같은 마음이셨겠지.

무제

한숨도
감정의 몸부림도
모두가 다
제 삶을 위로받기 위한 제스처에 불과한 걸요.
그래서 인간은
너무나 영악하고 얍삽하기 짝이 없는 존재라잖아요.
솔로몬의 지혜를 빌린다 해도
후회 없이 살 수 있는 길은
어디에도 없을 겁니다.

포항 경란입니다

깨소금 맛 같은 추억과 그리움이 주절주절한 외갓집
거시기의 주인공은 우리 외할머니였는데
살아생전 잘못해 드린 것 마음에 찡 하기만 하다.
돌아가신 후 그 사랑이 참 큰 사랑이었다 생각된다.
숙이 이모한테도 잘 해주고 더 가깝게 지내야 하는데
멀리 와 버린 자신이 야속하기도 하다.
열심히 살아도 되지 않는 인생인 줄을 나이 들어 늦게야 깨닫게 되네.

열이 외삼촌, 숙이 이모, 순남이 이모, 두리 이모 계모임할 때
나도 하고 싶은데 연락주면 좋겠어요.
일 년만 지나면 나도 바쁘지 않게 살 수 있을 것 같아서.
모두들 건강하세요. 다음에 또 연락드릴게요.

할매요! 상일이시더

여 오니까 외가집 소식도 듣고,
그리운 얼굴도 볼 수 이서가 뗑큐다.
아련한 모습들이 영상으로 스침다.

갱순이도 보고,
갱란이도(누님) 보고,
외삼춘 내외분,
이제는 그리움만 가득한 외할머니……!

며칠 전 곰창 뎅기러 가면서 훤하게 보이는 할머니 산소를 보고 ,
함메요~오!
불러도 메아리가 엄길래.
누고~?
이래면서 상일 이시더.
올때 함메요 가니더.
이카고 와심다.

언제나 조은 일만 이서시고 늘 건강하신 모습으로 항상, 영원히 함께 하시길…….

이모 사랑해!!!!!

팡에서 상일 들.

마음의 고향

어머머나! 꼭 꼭 숨듯이 이곳에 다들 모여 있었네.
외할머니 돌아가신 후 늘 마음이 찡 하였는데
같은 마음을 공유한 우리 거시기 식구들이
이 마당에서 위로하고 위로받고 있었네.
나미 이모가 이런 공간을 만들어 놓았다는 이야기 듣고 들어왔는데
너무 반가워서 어쩔 줄 모르겠네.
그리고 우리의 표현할 길 없는 마음을
이모가 아리도록 그리운 마음을 모아 시로 띄웠으니
이 공간에 할머니도 계신 것 같아.
그리고 열이 외삼촌, 숙이 이모, 두리 이모,
마음의 고향 추억 속에 있지만
그 추억 잊고 멀리 떠나왔던 내가
미안하고 죄송스럽답니다. 경란
괜찮다. 그래도 외할매는 이쁘다 할 거야.

고향 내음

아파트 문지방을 넘지 못하고
나지막하게 엎드려
나를 기다리고 있던 꾸러미 하나
어설프게 동여맨 꼬라지가
딱 곰창 외가댁에서 얻어가던
곡식을 싸맸던 모양새다.

어설픈 포장에 쓴 주소하며
가시에 찔린 상처에
더덕더덕 붙이던 반창고가
살 속에 글을 새기며 아파하던
남이 이모
제주도 바다 내음이다.

그렇지 않아도
동생하고 외갓집 이야기

멍석에 말아 숨겨 놓고
둘이서만 체 까부르듯 하다가
이모카페에 들렀다 왔는데

언젠가 달밝골
곰방대 물고 잠이 드신
외할아버지 한숨소리를 들었는데
자락으로 써 보낸 이모의 글 속에서
외할머니 그리운 눈물을 훔쳐보았다

정

그렇게 함세.
사는 게 다 저만큼의 행장이 있는 법이지만
그 행장 속에 너와 나 우리가 담겨져 있어야
삶은 풍성해지는 거라 생각하네.
가난도 삶이기에 끌어안고 보면 따뜻해지던 걸
살고 나서야 알게 되었지.
부랴부랴 멀미나도록 제 오지랖만 살펴도
기어이 다 채워지지 않는 게 인생인 것을
그 얄밉도록 허전한 생의 골목길에서
우리 이제는 넉넉한 마음으로 채워 가세나.
자네하고 이렇게 이야기할 수 있다는 게 꿈 같으이
연인을 만난 듯 떨리는 맥박 소리 듣고 있는지 몰라
늙은 이모가 늙은 조카에게 연애편지 쓰는 기분이라니……?

함께 사는 삶

이제사 이 글을 보게 되었네
다들 같은 지역에서 나고 자라서이기도 하지만
감수성이 옹달샘처럼 살아 있는 심성들을 갖고 태어난 사람들이라서
하찮은 것에 젖어 울고 또 하찮은 것에
갈갈갈 웃어젖히는 우리들이었잖아
자식 키우고 서방 내조하며 살림꾸리자면
좋은 일도 귀찮을 때가 있고
좋은 사람도 더러 놓아버리고 싶은 때가 참 많지.
큰조카도 이제 육십 줄 코앞에 다다르니
삶의 큰 강은 건너 온 셈이다.
우리가 살날들이 결코 많이 남아 있지 않기에
이제는 서로를 돌아보며 살자.
살아 보니 조금 더 있는 것과 없는 것은 별거 아니더라.
하여튼 너무 반갑고 큰조카가 좋아하니 더욱 기분 다시 그만이다.
누구보다 외할매가 좋아라 하시겠지.
우리들 이렇게 모여 웃고 떠들고 노는 거 참 대견해 하셨잖아.

나비가 되셨네

나비가 되신 그분은
하늘 꽃밭의 꿀을 따다
이승의 꽃밭에 옮기시느라 무척 바쁘실 거야
솜씨 좋은 자네 시 읽으며 눈물깨나 닦으셨을 테지.
영덕에는 지금 음식준비 끝내고
작은 방에 지그재그 다리 뻗고 누워 연개소문이란 드라마 보느라 야단이다.
크게 변할 것 없는 영덕 강산에 발을 딛고 서니
엄마 생각이 더욱 간절하구나.
하여튼, 자네도 건강하시길 바라네.

고향 1

영덕읍 버스 정류장은
이제 낡아서
늙은이 살다비 올 끊어내는
트고 갈라진 뒤꿈치 같은 거였네.

그래도 거기 나무의자에 앉아
제 돌아갈 골짜기를 기다리는 보따리 머리에 인 할멈들과
굵은 주름이마를 담배연기로 덮는 촌노들의 얼굴에서
나는 인간의 가장 따뜻한 고향을 보았다네.

오십천 강물에 유유히 가라앉은 세월을
휘저어 보면 거기엔
싱싱한 비늘 번뜩이며 추억이 푸들푸들 잡히기도 하고
한겨울 어머니의 구수한 이야기도 따라 올라 온다네.

오래 고향을 비웠던 이가 돌아와 앉아

회상에 젖는 그런
영덕읍 정류소를 그대와 나는
오래 오래 앉아 있었으면 좋겠네.

고향 2

인간의 영원한 안식처는 고향이요
고향은 곧 어머니일세.
회귀본능의 생명들이기에
삶에 치이고 괴로움을 넘다 보면
더러 체념하면서 눈감아버린 시간들이
아깝고 서러워서 종당에는 순수 영혼이었던 때를
그리워하는 게 아닌가 하네.
그것이 삶의 멀고 긴 회랑 길을 돌아 온 사람에겐
더욱 가슴 저미는 연민이 일어나는 건
사람의 생태가 아니겠는가.
돌이킬 수 없고, 돌아갈 수 없는 것을
너무나 잘 알기에 더욱 애타는 것일지도 모르겠네.
그나마 다행인 것은
그 간절함과 애태움을 우리는 그리움이란 이름으로
말할 수 있고
추억이란 이름으로 공유할 있으니 말일세.

그 뒤안길에 뿌려놓은 숱한 고통과 서러움도
이제는 아련하게 색깔마저 바래가지만
그래도 우리는 그것들을 붙들고 서로를
위로할 수 있으니 얼마나 좋은가.
살아 있는 날까지 우리 안부나 잊지 말고 지냄세.

노란 꽃잎의 사랑

— 천국으로 먼저 가신 분을 그리워하며

봄이 오는
첫 골목길에서
노란 입술을 파르르 떨며
바람 가운데 서 있는
어디서 본 듯한 당신
그리움을 두 볼에 물고
추운 겨울
메마른 인정
홀로 물기를 머금은 채
인내로 기다려 오던 사랑
잊을 수 없는
먼 그리움
다시 올 수 없는
꿈의 계절로 떠난
화사한 웃음의 당신이

문득 보고 싶어지기라도 하면
난 그만 목이 메어
노란 눈물로 울어버린다.

상원아
수만리 먼 길을
단숨에 왔으리.
사람아!
순결한 영혼의 목소리에
가슴 속 마른 도랑까지
짜르르 개나리 꽃잎으로
노랑물 떨어지네.
사람아!
사랑하는 나의 사람아!

화

사는 게 때때로 거지같아서
봄비에 젖은 싸늘한 기온 속에
내던져 버리고 싶을 때가 있습니다.
먹구름이 낮은 돌담 위에 걸터앉는 날이면
사방은 온통 우중충한 감옥이 되어 버리고
불안한 짐승의 눈동자만 이리저리 굴릴 뿐
옴짝달싹할 수 없는 현실이 기가 막혀서
아무것도 생각할 수 없습니다.
뒤틀리고 병든 육신들에게
끊임없이 내 기운은 수탈당하면서
그래도 인권이란 이름의 가면 속에 숨어서
내장에 들러붙은 가래를 끌어 올립니다.
보람도 희망도 모조리 땅바닥에 뱉어 버리는
가래가 되어 나를 노려봅니다.
하루아침에 나는 비정하고 무책임한
인간이 되고 맙니다.

그날 그날을 그저 시간만 가라시구려
뇌화부동 하면서 말입니다.
이럴 때는 사는 게 참 더럽기도 합니다.

파리들만 살판 났네

너의 큰 할머니께선
앞산으로 달밝골로 산나물 뜯고 다니시느라
파리 잡는 것 잊으신 건 아닌지 몰라
햇살 가득한 마당에 파리들만 살판 났겠다.
어쩐지 할머니의 음성이 아득히 멀어지는 것 같아

할머니께서 알람시계를 다 생각해 내셨던 모양이구나.
혼자 사는 네 아빠와 삼촌까지 데리고 사느라
요즘 할머니의 마음이 많이 힘드실 거야
진현이 너라도 무슨 위로가 될 만한 거리를 찾아서
잠시나마 즐거움을 줄 수 있었으면 좋겠다.
겉으로 표현은 안 하시지만
큰할머니만큼이나 너를 걱정하고
너의 행복을 바라시는 분이셔
이제는 진현이 네가 그 할머니의 든든한 힘이란 걸
너도 알았으면 좋겠구나.

그리운 고향

달빛 부서지는 고요한 대지 위에
그리운 님의 얼굴 포개지는데
어느 하늘, 땅 끝에서
파르라니 떨고 있는 혈육의 정이여
그 눈가에 우리들 다 불러들였네.

무거운 눈꺼풀 창가에 내려놓고
은하수 건너 별 떨기 보이거든
모국의 소식이라 생각하시고
따숩고 포근한 외가댁 마당에 뿌려지는
웃음소리로 들으시게
그래도 여의치 않거든
정한 수에 담겨진
정갈한 물 같은 내 그리운 님에게
다시 물어보시게

휑한 가슴 채워지면
다시는 못 볼까봐
잠시만 머무르시라고 더러는
비 오고 구름에 가리는 날도 있겠네.

복주네 미용실

복주네 미용실 가위 소리에
금덩이 복덩이 막무가내로 굴러들었으면,

할매!
곱게곱게 차려입고
복주네 가계 앞에 섰다가
오고가는 걸음들
끝이 안 보일 만큼 늘어서게
힘써야 된데이! 알았제?

복주야! 아무 걱정 말고 잘해봐라.
너그 아부지와 할매, 할배
그냥 있지는 않을끼다.

돈 마이 벌거든 언양 땅 밟고 가는 이들
공짜로 보내야 된데이 ~ !

할배가 마담풍 하시면
할매가 빠담풍! 하시어
언양에 굴러다니는 머니, 머니들 엇뜨버라!
복주네 '다모' 오지랖에 모여 들끼구마.
아이고 우리 복주 손가락에
지문 다 벗겨지면 우짜노!
할매야, 단디 살펴래이~.
우리 장서방 입 찢어져 병원 가서 누울라.

무제

"저기 신작로에 탈래탈래 걸어오는 게 우리 진현인 게세."

"엄뭐이 샴더라! 커피까지 타왔네."

아마 큰할머니께서 이렇게 말씀하시며 좋아하지 않았을까 싶어.

그래, 아주 잘했다.

그나마 그곳에 네가 있어 얼마나 다행인지 모르겠구나.

봄날에는

새미오름 가는 길에는 바스라진 햇살이
아지랑이로 모락모락 피어오르고 있었다.

일흔일곱의 솔길이 외할머니는 날 위로하려는 심사를 담아 당신 회한을 풀어 발 아래 꼭꼭 누르며 숨찬 걸음을 놓으신다.

"지금 어머니가 계신다면 하간 거 사드리며 업고 다녀짐직 헌디."

"예전에 어멍이 고사리 꺾어오란
베리지 못허영 하영 꺾지 못해졈덴 하관데,
누가 눈 어두으랜 헙디가? 허난
'너도 나이 들어보라.' 곧길래 '난 어멍 나이만큼 살지 않으쿠다.' 해신디
예순셋 어머니 나이보다 십년을 더 살아지난
베리지 못허영 고사리도 못 꺾으쿠다게.
그때 어멍신디 무사경 모지직허게 고라져신지 촘, 후회가 막 들언 마씸."

노인네 넋두리가 내 것이 되어 가슴에 공명을 일으켰다.

사람의 욕심이 끝이 없어서 나는 어머니가 계셨더라면 얼마나 좋을까.

지금 후회하고 있는 것들을 하나하나 다 되돌려 놓을 수 있을 것 같기만 하다.

햇살이 무르익는 한라산 자락에

산목련, 왕벚나무 만발한 꽃비를 보여드릴 텐데.

붕어빵 앙꼬는?

붕어빵 앙꼬는 왜 그렇게 뜨거울까요?
산에 갔다 오다가 출출도 하고
괜시리 붕어빵이 먹고 싶어서
천 원을 줬더니 3개밖에 안 주더라고요.
급한 김에 한 입 베어 물었는데
너무나 뜨거워서 하마터면 자동차 핸들을 놓칠 뻔하였지요.
지금도 입 천정이 얼얼한 게
부풀었나 싶은데요.
그래도 또 먹고 싶어지네요.

동무, 이 사람아!

시간은 어느새 우리를 중 늙은에 데려다 놓고
사람을 희롱하는 것 같으이.
동무! 이 사람아!
거느리고 있는 식솔들은 모두 안녕하신가?
들어서 알겠지만
나도 기어이 어머님을 잃고
텅 빈 공간에 부유물처럼
감정의 범람에 떠밀려 유람하듯
슬픔이란 오두막집을 전전하다 보니
가을이 가고, 겨울이 가고 또
봄이 왔다고 야단들일세 그려.
동무야! 이 사람아!
강 같은 세월 다 보내고 나면
우린 어디서 세월을 낚아 올릴 텐가?

밥 많이 자시게

평생을 기절할 만큼 허부고 뜯고 산다는 것이
아무나 하는 게 아닐세.
그대는 하나님이
나는 어머님이
절대적인 지주가 있었으니 망정이지
그도 아니었으면 이 육신 온전히 남아 있었겠나?

그럼에도 이제 와서 돌아보면
절망과 고통, 슬픔의 격정들이
우리 삶을 더 견고하게 다져놓은 게 아닌가 싶네.
고군분투한 삶의 역정이 바로
찬란한 빛이었음을 깨닳으며
처연한 생활의 곤욕도
즐기다 보면 기쁨이 되더이다.

나의 혈족들은 하나같이 순수한 영혼인지라

눈물나게 아름다워서
얼마나 고맙고 좋은지 몰라.
여보게
우리 목숨 다 하는 그 날까지
이 애틋한 그리움은 꼭 잡고 가세
그러면 조금은 덜 힘들지 싶으이
밥 많이 먹고 기운 차리시게.

우리가 어찌

마음먹기에 따라
상황은 달라지더이다.
그리하여
어떠한 미물도 하찮은 존재란 없으며
모든 사물은 그 자체로 빛나는 생명이며
아름다운 사랑 아니겠는지요.
이 사랑의 눈으로 들여다보면
삼라만상이 다 눈부시게 아름다운걸요.
슬픔 없이 기쁨이란 없고
괴로움 없이 평안이란 없는 법
우리가 어찌
고통 없이 삶을 엮을 수 있으리까?
그러므로 고통마저
쉬 내 인생의 기쁨이라 자랑할 만한 거지요.
기쁨과 감사의 마음을 나누는 그대에게
드리나이다.

그래요 온갖 풍상이 섞여 흐르는
강기슭에
가끔은 뚜벅뚜벅 걸어와
손을 씻고 발도 씻고, 우리들
그리움도 한 양동이 쏟아 놓느니
그대여
손끝에 알싸하게 묻어나는 정
비벼보시게

가난한 사랑

그때 불던 버들피리
어디에 뒀노 했더니
그대 삶의 행간마다
곱게곱게 눌러 두었구려

사지 스봉에 하얀 카라 교복,
까만 모자에 황금색 高자 뺏지를 달고
나타난 그대 때문에 한동안 나는
동무들 앞에서 우쭐거릴 수 있었다네.

세라복 영덕여고 교복의 자네 누이도
대단한 선망이요 자랑이었기에
누룽지 한 쪼가리 가져오는 아이에게만
방안에 앉아 있는 피부가 하얀 자네들을
구경시켜주고는 하였었지
특히 경순이 어릴 때는

친구들 마당에 불러놓고 한 명씩
창호지 구멍으로 들여다보게 한 일들이 참 많았다네.
어떤가? 풋감 맛 같은 이야기보따리가.

그대와 나의 유년은 여전히
퇴색되지 않은 유화 그림으로
우리들 마음의 갤러리를 따뜻하게 지키고 있었네.
고맙고 고마우이
비릿한 곰참골의 가난한 사랑을
버리지 않고 그 가슴에 품어줘서 말이네.

행복이란

멀리 있기만 했던 것은 몸이 아니라
마음이었던 거야
문득 펼쳐 본 책갈피 속에서
옛 모습 그대로 나를 기다리고 있었는데
나만 그것을 모르고 고독의 세월의 강을 건너온 것이었다.

그 해 겨울 그렇게 추워 잠 못 이루다
외할아버지 소죽 끓이시던 새벽에 겨우
잠이 들었던 기억이
이제사 끊어진 줄을 이을 수가 있게 되었네

"눈이 오나 비가 오나 황금이 원수로다."
노랫가락 담장을 넘어갈 즈음이면
화투장에 날밤을 새우며
김장김치 썰어놓고 막 지어낸 쌀밥에
어린 입들이 오물거리며 가난을 씹어대던 추억,

그 때 소녀가 두리 이모 편에 사귀자고
손을 내민 것을 거절했던 아련한 소싯적 풍경이
저 마치 달빛을 따라 달밝골을 넘어
국사봉 험한 산길을 달려가 버렸었어.

터놓고 이런 유년을 나눌 수 있는
나미 이모가 있다는 것이 큰 행복이 아니겠어?

초가집 군불에는

짠지 한 양푼 퍼다 놓고 이밥 모듬 해먹던
그 겨울의 오붓한 밤
별 총총, 흰 구름 두둥실, 파르르 진저리치는 앞 거랑 물,
그 강물에 몸을 담고 흘러가는 새파란 달빛인데
누군들 구애의 손 내밀고 싶지 않았으랴.

첩첩산중 초가집 추녀 끝 고드름 어는 소리 같이
인물 훤한 자네한테 마음 흔들린 그 소녀가 누구였을까?
이쁘고 고운 그대의 추억 한 토막에
한 바소고리 넘치게 웃음 담으며
나는 또 아부지를 생각한다.

소죽 끓이는 새벽녘
따닥따닥 장작 타는 소리,
어흠어흠 아부지 헛기침 소리 때문이었다기보다는
오줌이 마려워서였을 거야.

아궁이 환하게 새벽을 지피시는 아부지 곁을
눈 비비고 서서 조르고 조르면
어이, 고놈 참!
담뱃불로 통시 길을 밝혀주시던 아부지.

오늘은 자네 덕에
부녀가 나란히 통시에 앉아 오줌 누던 그림에
색칠을 더한다.
채워지지 않는 그리움의 물감을 바른다.

가는 건 세월이 아니었어

그 통시에 짚 풀만 놓여 있고 뒤 닦을 종이가 없었어.
나중에 돌가루 종이가 들어 왔다가 신문지가 놓이기도 했지
그래도 뒷마당에서 자란 무도감은 참 맛있었는데
고염은 또 얼마나 맛있었고?

율이 외삼촌이 뒷재에서 알밤을 까주셨지
내가 온다는 소식이면 외숙모께서 쌀을 씻어
방앗간으로 달려가셨고,
나미 이모와 함께 디딜방아를 찧던 기억도 새로운데

소 먹이러 다니던 달밝골의 정경이 늘 눈앞에서 어른거리고
웅덩이 물을 논에 대고
고기를 잡던 일도 풍경화의 빛깔이 하나도 변하지 않았어.

형춘이 외삼촌 이발소에서 이발실력을 키워 지금도
이발실력을 자랑하지만 누구도 내 손에 머리를 맡길 사람이 없다네.

지나간 추억의 오솔길은 그대로였는데
가는 것은 세월이 아니라
우리가 떠나왔던 것이었어.

나의 봄은 언제

봄이 왔다고 숲에는 너도바람꽃이 하얗게
묵은 낙엽을 털어내고 있었습니다.
얼음새 꽃도 노란 잎을 반들거리며
뽄쟁이처럼 환하게 피었고요.
그러나 오선생님,
내 인생의 봄은 아직 만난 적이 없어서
어떻게 생겼는지 모르겠어요.
사는 게 하도 어잇대가리 없어서 웃어야 할지 울어야 할지?
문학이라는 놈팽이 서방은
오직 내가 받들고 챙겨야 겨우 라면 한 그릇 먹을까 하는데
그래도 일생 믿고 따라가야 내가
살 수 있다니 기가 찰 노릇입니다.
요즘엔 이런 저런 생각에 휘둘리다 보니
선생님과 사모님이 그리워지네요.
언제 시간 내어 용눈이 오름에 솜방망이 꽃이라도 보러 가지 않으실래요?

내가 아는 사람들 중에 가장 선하고
가장 정직하고 가장 편안한 오 선생님!
정말 보고 싶어요.
어쩌죠?
김순남 올림

선방님 잘 만난 게지요

후후

역시 첫 봄소식은 아가씨를 통해서 오는군요.

김 선생님!

'인생의 봄' 을 아직 만나보지 못했다고 해서 너무 섭섭해 하지 마세요.

산자락 복수초가 얼음을 비집고 나와 꽃봉오리를 터트리면

이 동네 저 동네에 이내 봄이 오는 것처럼

선생님이 그리는 인생의 봄 또한

곧 베일을 벗고 당도할 테니까요.

아마도 지금 어딘가에서 가픈 숨 몰아쉬며 달려오고 있을 겁니다.

조금만 더 기다리세요.

오는 걸음 더디다고 너무 타박하지 마시고

더 많이 더 풍성하게 봄꿈을 꾸고 계십시오.

선생님의 모습과 시심이 그리도 한결같이 곱고 명징한 건

아마도 지금까지 항상 봄을 기다리는 마음으로 살아오신 덕분이 아닌가 생각됩니다.

제 경우는 찰나처럼 스치는 게 '인생의 봄' 이더이다.
다가서면 이미 가뭇없이 사라진 무지개처럼 말이죠.

김 선생님!
'문학 서방님' 너무 미워하지 마세요.
제가 알기로 서방 중에서,
아니, 놈팽이 서방 중에서 그래도 가장 잘난 으뜸 서방은 '문학서방' 입니다.
원래 서방은 생래적으로 달콤한 초콜릿 맛이 아니라
쌉쓰름한 감초 맛이 아닐까 합니다.
뒷맛이 좋은 게 더 좋은 서방이라고 치면 첫 맛만 달콤한 초콜릿보다
처음에는 쌉쓰름해도 뒷맛이 좋은 감초가 더 나은 서방이 아니겠습니까.
뒷맛이 좋기로 치면 문학서방을 따를 서방이 어디 있겠습니까?
그러니 선생님은 서방님 잘 만난 게지요.
오을식 올림

이녁 없는 텅 빈 섬에

영등할망 치마폭 같은 바람만
바다를 엎질러 놓아
내 동공이 뿌옇게 저려 지고
터질 듯이 귤 향기만 노랗게
혓바닥을 물들여 봅니다.
이런저런 생각에 휘둘리다가
문작문작 물토새기 되어버린 몸뚱이로
하루를 눕히고
세상 일 조름에 다들 열심히 따라들 가고
나는 이녁의 깊은 눈 우물에 빠집니다.
무심히 베리지만 말앙
혼저혼저 도라그네
야게기 콱 심엉이라도 목숨 건져줍서.
비가 오람수다.
보름이 불럼수다.
손꼬락이 끄차지게 눈 노렴수다.

베낏디서 떨지말앙
베지근하게 속채왕 궁글립서.
하간디 빼뽀사지민 이녁만
서러운 거우다.

가을바람에 가위눌리던 날

또 더 태울 가슴이 어디 있다고
집요하게 불을 지피는 이 한 생각,
자존이란 게 도대체 무엇이냐?
도무지 버릴 사이 없이 끓어오른다.
가을바람이 스산하게 모든 습기를 훑고 있는
들길에 서서
어느 소녀에게 바친 사랑을 좋아하던 은숙이
시인을 꿈꾸던 선희야, 러시아 문호들을 넘어서려던 홍국아
죽은 아이들의 이름을 부르며
절망의 끄트머리에 매달려 또 무슨 봉변을 얻으려고
목숨을 놓지 않는 건지 모르겠다.
우리 어머니 봐지거든 날 만난 듯 하여라.

상처

빈집 툇마루에 홀로 앉아
지나가는 구름을 잡고 꺼이꺼이
웁니다.
간간이 빨간 고추잠자리가 마당을 빙빙 돌다가
멋쩍은 양 소리 없이 가버립니다.
자존에 치명적인 손상을 입은
시인 고통에 몸부림치며 뒹굴다가 잠시
졸도하고 맙니다.
몇날 며칠을 그렇게 누웠다가
다시 일어나 마른 바람을 불러 모으고
익명의 섬 하나를 띄웁니다.
어느 간이역에서 다시 만나면
그때는 차마 눈물의 모퉁이를 적시지 않겠지요.
쓸쓸한 빈집을 지키던 실망초 꽃잎에도
하얗게 눈이 덮였으면 좋겠습니다.
소복이 쌓인 눈 위에

추억처럼 그리운 발자국 새겨 넣을 사람,
사람에게서 상처를 입고 사람에게서 상처를 치유 받습니다.
사람이 밉고도 그리운 가을 언덕에
이름 모를 새 한 마리 앉았습니다.

상처와 치유

무심코 날아 온 돌덩이에
온 몸이 으깨지는 줄 알았습니다.
밥 먹고 산다는 게 이처럼 고통스러운 일이었습니까?
참으로 어이없는 삶,
부질없이 매달려 있는 건 아닌지 모르겠습니다.
다시는 돌아보고 싶지 않은 상처 위로
시간이란 놈은 생다지 덮어오고
그래도 자식노릇 한답시고 고향엘 갑니다.
거기라면 이 피투성이 영혼을 곱게 닦아 줄 가슴이 있지요.
얼마나 다행이겠습니까?
백발의 노모님 품에서 조용히 쉬었다 오겠습니다.
오 선생님 얼굴을 떠올리니
내 가슴 한구석에서 작은 도랑물 소리가 납니다.
서럽고 서러워서 더는 살아서 안 될 것 같지만
아직은 때가 아니라서 모질게 참아야 합니다.
어머니는 지금의 나를 지탱해주는 목숨이기에 말입니다.

그 어떤 일이 있어도 나는 어머니를 슬프게 해서는 안 되니까요.
오 선생님,
흉건한 이 마음 드러내보여도 달아나지 않고
위로가 되 주려 하는 선생님 내외분이 있어
얼마나 다행인지 모릅니다.
모처럼 풀어헤친 넋두리 이제는 싸매야겠습니다.
비염이 기승을 부리는 환절기입니다
따뜻한 사모님과 따뜻하게 지내십시오.
영덕 갔다 와서 뵙겠습니다.

풍성한 한가위 되십시오

언제나 명절이면
저 혼자 산에 들어가서
시간을 때우다가
내려오곤 했는데
이번엔
어머님이 많이 편찮으시다는 핑계로
고향에서 벌겋게 달아오르는 훤한 달덩이가
참으로 황홀한 맛을 주데요.
어렸을 때의 소꿉친구 만나 옛이야기 주절거리기도 하고
소 먹이러 다니던 골짜기에 들어가
쩍 벌어진 으름도 따먹고
머루도 따먹고
알밤 주워
입으로 떫은 껍질 퉤퉤 뱉으며
생밤 까먹는 맛 또한
옛 맛 그대로 입디다.

누구나 유년은 있겠지만
첩첩 산중에서 나고 자란
내게는 아리도록 그립고 아름다운 유년입니다.
그 때는 세상 부러울 것 없는 평화이기도 하지요.

작가의 말

1914년 9월, 곱게 물든 단풍 길을 밟고 세상에 와서 투명하고 명징한 삶을 부리시고, 2006년 9월, 다시 그 고운 단풍 길을 밟고 가신 분이 계셨다.

그분은 나를 낳고 키우고 사랑하신 어머니, 고 이분용 여사이시다.

크든 작든 인간의 일이라면 어느 것 하나 허투루 하지 않는 태도를 견지하시던 분이었기에 그분을 잃는다는 건 세상을 다 잃은 것이나 진배없었다.

내 삶의 행보에 가장 커다란 지주가 뽑혀버린 그 텅 빈 공간에서 사랑과 분노로 광분하며 사라진 나침판을 찾아 헤매듯 그분을 부르고 또 불렀다.

지난 일 년 동안 끊임없이 분출하는 감정의 홍수에 떠내려가다가 지푸라기에 걸린 채로 떨고 있는 영혼을 가족이, 혹은 벗들이 햇살의 마음으로 말려주기도 하였다.

이 책은 그 강가에 놓인 작은 우체통에 모여든 이야기를 꺼내놓은 것들이다.

다듬지 않은 감정의 부스러기들이라 많이 망설이기도 했지만, 무엇보다 먼 길 가시는 어머니 걸음에 조금이나마 위안이 되고 싶은 마음이 앞섰기에 부끄러움을 무릅쓰고 세상에 내어 놓는다.

그리하여 이 세상 모든 위대한 어머니들에게 보내는 감사의 눈물이며 특히 세상 버리고 가신 지 1주년을 맞은, 내 영원한 사랑이신 나의 어머니께 이 책을 바친다.

그리고 이 황망하고 무서운 상황을 견디도록 말없이 지켜준 나의 또 다른 가족인 오미숙과 그의 아들 김형진, 지환에게 지면을 빌어 새겨 둠으로써 고마움을 대신하고자 한다.

또한 물컹거리는 감정 덩어리를 마다 않으시고 쉬도록 자리를 내어준 오을식, 이명인 두 분 선생님과 갈 곳 없이 날아다니는 작은 새 한 마리 같은 존재를 기꺼이 친정이 되어주겠노라는 한빛쉼터의 강미경 원장님, 늘 옆에서 기운을 돋우어 주는 제주여성인권연대 '불턱' 의 현희경 소장님, 고맙습니다.

끝으로 바쁘신 중에도 흔쾌히 발문을 써 주신 한림화 선생님, 각 출판사 박경훈 사장에게 오늘의 이 감사한 마음 오래 간직하겠습니다.

2007년 10월

쪽빛 바다 눈 시린 구엄에서

김순남